Vielen Dank [...] alle Mühe.

Sommer 93

Köstlichkeiten aus aller Welt
Band 9

100 koreanische Gerichte

von

Gabriele Maluga

1992

Dreisam Verlag, Köln

Herzlich bedanken möchte ich mich bei Herrn Chairman Hyun Chul Kim und Familie (Sammi Group) und Familie Dr. Ing. Zixang Yun für die mir entgegengebrachte Gastfreundschaft und Unterstützung.

Die Deutsche Bibliothek - CIP-Einheitsaufnahme

Maluga, Gabriele:
100 koreanische Gerichte / von Gabriele Maluga. - 2., überarb. Aufl. - Köln : Dreisam-Verl., 1992
(Köstlichkeiten aus aller Welt ; Bd. 9)
ISBN 3-89452-375-1
NE: Maluga, Gabriele: Hundert koreanische Gerichte; GT

1. Auflage 1989
2. Auflage 1992
ISBN 3-89452-375-1

Satz: Hayit Verlag GmbH, Köln
Food Styling: Uwe Turek
Druck: PDC Paderborn

Inhalt

Rezepte

Vorwort

Korea — „Land der Morgenstille"

Als ich zum ersten Mal koreanischen Boden betrat, luden mich meine koreanischen Freunde in Seoul zu Begrüßung in ein traditionelles Restaurant ein. Nach der langen Reise war es eine Wohltat, die Schuhe auszuziehen und zu ebener Erde am Tisch Platz zu nehmen. Welches Schauspiel sich dann ereignete, übertraf meine kühnsten Vorstellungen. Koreanerinnen in farbenprächtigen langen Gewändern rauschten herbei und arrangierten Schüsseln und Schalen in unterschiedlichen Größen auf dem Tisch, jede gefüllt mit einer anderen, mir vollkommen unbekannten Speise. Die Augen wußten nicht, wohin sie schweifen sollten, die Stäbchen in meiner Hand schwebten bereits in der Luft. Was sollte ich zuerst probieren? Eine kleine Schale erregte meine Aufmerksamkeit. In ihr lag eine Art Kohl, der in einem verführerisch leuchtenden Rot glänzte. Bereits nach dem ersten Bissen waren meine Lebensgeister geweckt, wie Feuer brannte meine Kehle, und ich schaute zaghaft in die Runde. Ein verständnisvolles Lächeln kam mir entgegen, begleitet von dem einen Wort: „Kimchi". Welch ein Einstand!
Dieses Begrüßungsessen hatte meine Neugier auf Korea nur noch verstärkt. Die Koreaner sind ein überaus gastfreundliches Volk; die Menschen sind auch heute noch eng verbunden mit ihrer Landesgeschichte. Am Ende meines fast 1 1/2jährigen, ereignisreichen Aufenthaltes in Korea war in mir der Entschluß gereift, diese Mentalität, geprägt von National-Stolz, Höflichkeit und geistreichem Humor, uns Europäern näher zu bringen. Wie könnte man dies besser erreichen, als durch ein Kochbuch, dessen Gerichte die alte Tradition und Essenskultur Koreas wiederspiegeln.
Ich hoffe, daß es Ihnen genau soviel Spaß bereiten wird, die Rezepte nachzukochen, wie es mir Freude gemacht hat, dieses Buch zu schreiben. Guten Appetit, also — oder auf koreanisch: „Mani Dusseijo", was bedeutet, "Nehmen Sie bitte viel!"

Köln 1989 Gabriele Maluga

Zu diesem Buch

Andere Länder — andere Sitten und Bräuche ... Dies gilt auch für fremde Kochtraditionen. Sicherlich unterscheidet sich die koreanische Küche von der europäischen, aber dies macht sie nur um so reizvoller. Daß koreanische Köstlichkeiten wirklich von jedermann zubereitet werden können, will dieses Buch beweisen. Besonders auf folgende Aspekte wurde bei der Auswahl der Rezepte großer Wert gelegt:

*** Schnelle Küche**
Wenn Sie alle Zutaten nach Rezept vorbereitet haben, ist die Hauptarbeit bereits getan. Die Dauer des Kochvorganges ist abhängig von der Art der Schneidetechnik. Je kleiner und feiner die Stücke, desto kürzer ist der Garprozeß.

*** Preiswerte Küche**
Koreanische Märkte offerieren ein kaum zu erfassendes Angebot an frischen Lebensmitteln, von Obst und Gemüse über fangfrische Fische und Schalentiere zu Kräutern und Gewürzen, die hierzulande weitgehend noch unbekannt sind. Damit trotzdem auch die Gaumenfreuden Koreas bei Ihnen Einzug halten können, habe ich die Rezeptzutaten auf das Angebot unserer Wochenmärkte abgestimmt. In jeder größeren Stadt haben sich bereits asiatische Lebensmittelhändler niedergelassen, so daß es unproblematisch ist, spezielle, für die koreanische Küche unabdingbare Zutaten zu erstehen.

*** Unkomplizierte Küche**
Um koreanisch kochen zu können, brauchen Sie nicht unbedingt besonderes Kochgeschirr, etwa einen *Wok*. Herkömmliche Pfannen und Kochtöpfe sind durchaus geeignet. Wer möchte, kann natürlich typische koreanische Kochutensilien verwenden: Der Spaß beim Kochen stellt sich spätestens dann ein, wenn Sie zum ersten Mal versuchen, mit den ca. 50 bis 60 cm langen Kochstäbchen die Zutaten zu vermengen.

Essen und Trinken in Korea

„Ein Frosch neigt dazu zu vergessen, daß er einmal eine Kaulquappe war", lautet ein altes koreanisches Sprichwort.
Auch wenn Korea sich heute zu einem aufstrebenden Industriestaat entwickelt hat, haben die Koreaner ihr historisches und kulturelles Erbe bewahrt. Dies gilt auch für die Kochkunst. Rezepte wurden und werden von Generation zu Generation weitergegeben. Wie in der fernöstlichen Küche überhaupt, zählt auch in der koreanischen Kochkunst die schnelle und damit gleichzeitig vitaminschonende Zubereitung zu den besonderen Vorteilen. Die koreanische Art zu kochen unterscheidet sich wesentlich von der europäischen. Der Schwerpunkt bei der Vorbereitung eines koreanischen Mahls liegt im mundgerechten Zerschneiden und Zerkleinern der Zutaten, dem scharfen, aber dennoch zurückhaltenden Würzen und dem liebevollen Anrichten und Dekorieren der Speisen. Die frischen Zutaten wie Fleisch, Fisch und Gemüse werden roh oder gekocht verzehrt und meist scharf gewürzt, hauptsächlich mit Chilipfeffer, Knoblauch, Frühlingszwiebeln, Ingwer, Soyasauce, Sesamöl und Salz.
Wie auch in europäischen Ländern nimmt man in Korea grundsätzlich drei Mahlzeiten am Tage ein, wobei das Frühstück den Schwerpunkt bildet. Grundlage dafür bilden Reis, Suppe, Kimchi sowie gegrillter Fisch, Gemüse und etwas Fleisch, und es kommt nicht selten vor, daß man Gäste bevorzugt zum Frühstück einlädt. Das Mittagessen besteht meist aus den Resten des morgendlichen Essens, wohingegen das Abendessen vom Umfang her dem Frühstück gleichkommt.
Besondere Mühe verwendet man in Korea auf die optische Anordnung der Speisen, denn auch im Land der Morgenstille gilt: Das Auge ißt mit. Bei einem traditionellen Essen werden die Speisen auf einem niedrigen hölzernen Tisch hereingetragen, um den sich die Gäste gruppieren. Je nach Zahl und Ansehen der Personen zeichnet sich die Mahlzeit durch eine Dreier-, Fünfer-, Siebener-, Neuner- oder Zwölferkombination von Speisen aus, wobei letztere im alten Korea nur den Mitgliedern der Königsfamilie und des Hofes zustand. In Korea kennt man kei-

ne Menüreihenfolge. Jede Person erhält eine Schüssel mit Reis zu seiner Linken und eine mit Suppe zu seiner Rechten. Die Saucen werden in der zweiten Reihe angeordnet, die Grund- und Hauptgerichte werden alle gleichzeitig in der Mitte des Tisches arrangiert, so daß sich jeder nach Lust und Laune bedienen kann. Messer und Gabel wird man vergeblich — mancher verzweifelt — suchen, denn gegessen wird mit einem Löffel und mit Stäbchen aus Holz oder aus Silber. Deren Handhabe erfordert etwas Geschicklichkeit und Übung.

Das koreanische Restaurant

Ein Charakteristikum koreanischer Restaurants besteht darin, daß man die angebotenen Speisen in Wachs geformt in einer Glasvitrine ausstellt. Diese naturgetreuen kleinen Kunstwerke lassen auf einen Blick Aussehen und Ausmaß der angebotenen Mahlzeiten erkennen. Die Gäste können sowohl in einem offenen, weiten Speiseraum als auch in abgetrennten, meist auf einem erhöhten Rundgang gelegenen Séparées speisen. Ein kleiner Tip: Die Popularität und Qualität eines Restaurants bemißt man nicht nach dem Guide Michelin, sondern nach der Anzahl der Schuhe, die vor der Tür stehen.
Eine besondere Ehre für männliche Gäste ist es, zu einer Kisseng-Party geladen zu werden. Neben jedem Gast nimmt eine Kisseng Platz. Ähnlich einer japanischen Geisha ist sie um sein leibliches Wohl besorgt, bedient ihn während des Essens, wobei jede ihrer Bewegungen von Anmut und Grazie geprägt sind. Bekleidet ist die Kisseng mit einem prachtvollen traditionellen koreanischen Gewand. Ihr Gesicht bleibt aber im Gegensatz zur japanischen Geisha ungeschminkt, um durch seine natürliche Schönheit zu wirken. Die Kisseng verfügt über eine ausgezeichnete (Aus-) Bildung, so daß ihr verwöhnendes Umsorgen von manchem Europäer als überwältigende Wohltat empfunden wird.

Kimchi

In Korea kennt und liebt man Kimchi seit ca. 2000 Jahren. Kimchi ist eine spezielle Art der Gemüsezubereitung. Im 10. Monat des Jahres (Ok-

tober), wenn kältere Luft von Sibirien her einbricht, beginnt für die Hausfrauen „Kimjang“ — der Monat bzw. Tag der Kimchizubereitung. Bevorzugte Gemüse für die Zubereitung von Kimchi sind Chinakohl und Rettich, welche gleich dem deutschen Sauerkraut eingelegt werden. Knoblauch, Ingwer, Frühlingszwiebeln und Chilipfeffer (Schoten) verleihen dem Gemüse seinen unverwechselbaren Geschmack. Es gibt zwei Grundarten von Kimchi: Jahreszeiten- und Winterkimchi. Ersterer verdankt seinen Namen dem jeweils jahreszeitlich verwendeten Gemüse, z.B. Spinat oder Kürbis, letzterer zeichnet sich durch den langen Gärungsprozeß von etwa 30 bis 60 Tagen bei Kellertemperatur aus.
Wie gesagt, ist Kimchi ein Gericht mit langer Tradition. Auf der Suche nach einer Möglichkeit, Gemüse über einen längeren Zeitraum hin zu lagern, kamen die Bewohner des alten Korea auf das Verfahren, das stark gewürzte Gemüse in einer Salzlake in Tongefäßen aufzubewahren. Noch heute kann man die Größe einer koreanischen Familie an der Zahl der tönernen Gefäße auf dem Balkon oder im Hinterhof erkennen. Wer einmal Geschmack an Kimchi gefunden hat, dem wird — wie den Koreanern — eine Mahlzeit ohne Kimchi als unvollständig erscheinen.

Gewürze und Zutaten

Kleine koreanische Gewürzkunde

Cayennepfeffer (koch'u karu)
Der unter den Bezeichnungen Chilipulver, roter Pfeffer oder Teufelspfeffer bekannte, extrem scharfe Pfeffer wird aus getrockneten Chilischoten gemahlen und ist eines der Basisgewürze bei der Herstellung von Kimchi. In der koreanischen Küche werden Speisen damit großzügig gewürzt — was so manchem Europäer die Tränen in die Augen treibt. Bei den nachfolgenden Rezepten wird deshalb auf das mildere Paprikapulver zurückgegriffen.

Ginseng (insam)
Um die Entdeckung dieser hellgelben, wildwachsenden Wurzel von menschenähnlicher Form ranken sich viele Geschichten. Die ersten historisch belegbaren Funde stammen aus der Kang-won-do-Provinz und gehen auf das Jahr 207 v. Chr. zurück. Schon zu frühen Zeiten erkannte man in Korea und angrenzenden chinesischen Regionen die sowohl medizinisch vorbeugende als auch heilende Kraft der Ginsengwurzel, die z. B. auch nach einer durchzechten Nacht eine wohltuende Wirkung entfaltet. So kostbar wie Gold werden diese Wurzeln, „Elexiere des Lebens" genannt, gehandelt, wenn sie nach fast sechsjährigem kontrolliertem Wachstum einzeln ausgestochen und der Größe nach sortiert werden. Man unterscheidet *baegsam*, weißen, in der Sonne getrockneten Ginseng, *hongsam*, roten, im Schatten getrockneten, und *susam*, rohen Ginseng. Letzterer findet auch als Suppen- oder Speisenzutat seinen Weg in koreanische Küchen. Die Palette von Ginsengprodukten ist weitgefächert und reicht von der getrockneten Wurzel bis zu den populärsten Ausprägungen wie Ginsengtee, Ginsengwein und Ginsengliqueur.

Ingwerwurzel (saenggang)
Die von einer hellbraunen, dünnen Haut überzogene Ingwerwurzel ist variationsreich in der Form — von nußartiger Größe bis zur geweihartigen Verästelung mit kleinen knollenartigen Wölbungen. Frischer Ingwer läßt sich leicht schneiden und hat einen prickelnd fruchtig-frischen, aber scharf stechenden Geschmack, welcher fast jedem koreanischen Gericht den letzten „Pfiff" verleiht. Diese aromatische Komponente kann auch durch die Verwendung von Ingwerpulver erzielt werden.

Knoblauch (manul)
Seinen Ursprung hat der Knoblauch in Innerasien. Er ist mit der Zwiebel verwandt und hat eine Knolle, die sich aus mehreren Zehen zusammensetzt, wobei die sechszehige Knolle die beste Qualität verspricht. In der koreanischen Küche wird mit Knoblauch nicht gegeizt. Nicht selten wird eine ganze Knolle für ein Gericht verwendet, ohne daß der unverwechselbare starke Geschmack des Knoblauchs dominierend wäre. Ob für Saucen oder Marinaden, ob gehackt, in Scheiben geschnitten, ausgepreßt, aufgespießt oder eingelegt — ohne Knoblauch geht es in Korea nicht!

Pfefferfäden (shilgoch'u)
Getrocknete Pfefferfäden oder rote Paprikafäden sind sehr mild im Geschmack und dienen zur Dekoration, vor allem für Wasser-Kimchi, Weißes Kimchi und Rettich-Kimchi.

Pfefferschoten (koch'u)
Pfefferschoten sind nicht mit Peperoni zu verwechseln. Chili- bzw. Pfefferschoten sind ein „Muß" in der traditionsbehafteten Küche Koreas. Sie sind reich an Vitamin A, B und vor allem C. Meist in der Sonne getrocknet, behalten sie ihre leuchtend rote Farbe — aber auch ihren feurigen Geschmack. Die landesübliche frische koreanische Schote ist äußerst scharf, mit zarter Haut und beinhaltet mehr Samenkörner als andere Varianten. Vor dem Gebrauch werden die Schoten aufgeschlitzt und sorgfältig entkernt — ein sofortiges Händewaschen ist unumgänglich, um ein höllisches Brennen an Augen oder Mund, wenn diese mit den Händen in Kontakt geraten, zu vermeiden.

Was man sonst noch braucht

Bambusschößlinge (chuksan)
Bambusschößlinge sind die Sprossen der Bambuspflanze. Sie sind cremeweiß in der Farbe, zart im Geschmack — haben aber festes Fleisch. In asiatischen Feinkostläden sind sie sowohl in Konserven als auch im Glas erhältlich.

Bohnenquark/Tofu (dubu)
Bohnenquark, meist rechteckig im Format, ist eine Art feste Puddingmasse, die aus gepreßtem, eingedicktem Soyabohnenbrei, dem „Käse der Soyamilch", hergestellt wird und auch unter dem Namen „Tofu" bekannt ist. Frischer Tofu kann in einer Schale, mit kaltem Wasser bedeckt, maximal 2 Tage lang aufbewahrt werden. Bohnenquark ist ein leichtverdauliches, eiweißreiches Nahrungsmittel und sollte nur einem kurzen Koch- oder Bratvorgang ausgesetzt werden.

Ginkgonüsse (unhaeng)
Die ovale, hellbraune Ginkgonuß ist die Frucht des Ginkgo Baumes. Die geschälten Nüsse können unter ständigem Rühren gebraten werden, bis sie sich grünlich verfärben. Die äußere Haut läßt sich dann problemlos abrubbeln. Ginkgonüsse werden für besondere Gerichte zum Garnieren verwendet. Getrocknete Nüsse müssen vor Gebrauch eingeweicht werden.

Jujubes (taech'n)
Jujubes sind getrocknete rote koreanische Datteln, die vor allem für süße Desserts verwendet werden. Vor Gebrauch müssen diese eingeweicht werden. Koreanische Kinder knabbern Jujubes als „Süßigkeitsersatz".

Konyak
Konyak ist eine geronnene, gallertartige Masse aus pürierten Kartoffeln, die, in Scheiben geschnitten, wie eine Art Nudel gekocht wird.

Lotuswurzel (yon-gun)
Die Lotuswurzel ist die Wurzel der Lotuspflanze. Die frische Wurzel ähnelt einer etwas zu groß gewachsenen süßen Kartoffel mit bräunlicher

Schale. Aufgeschnitten offenbaren sich acht bis neun leere Röhrchen, die sich längs durch die Wurzel ziehen. Getrocknete Lotuswurzelscheiben sind von unbegrenzter Haltbarkeit und müssen vor Gebrauch eingeweicht werden.

Paprikapaste (kochu'chang)
Die dunkelrote Paprikapaste, gewonnen aus fermentierten Soyabohnen, Chilipfeffer, süßem Reismehl und Malz, hinterläßt am Gaumen einen scharfen, aber angenehmen Geschmack und ist wie Sojabohnenpaste in asiatischen Lebensmittelläden erhältlich.

Pinienkerne (chat)
Pinienkerne, nußartig im Geschmack, erfüllen sowohl ganz belassen als auch fein gehackt ihren dekorativen Zweck.

Reismehl
Reis wird in einer Mühle fein pulverisiert. In asiatischen Feinkostläden wird es vakuumverpackt angeboten. Es wird u.a. zur Kimchi-Herstellung oder die Zubereitung von Desserts oder Pfannkuchen verwendet.

Seetang (miyok)
„Aus wenig mach viel": Getrockneter Seetang (oder Algen), vor dem Verzehr in Wasser eingeweicht, quillt überproportional auf und läßt sich als nahrhaftes Gemüse in Suppen und Salaten verarbeiten. Die papierdünne, beinahe schwarz schimmernde Norialge z. B. zaubert einen Hauch von Meeresgeschmack in gefüllte Reisrollen und kann auch, mit Sesamöl bepinselt, über der Herdplatte geröstet werden.

Sesamblätter (kkaennip)
Die hübsch gezackten, herzförmigen, tiefgrünen Blätter der Sesampflanze sind bestechend im Aroma und finden u.a. als Gemüse oder Fritiergut Verwendung. Sesamblätter sind frisch oder in der Konserve erhältlich.

Sesamkörner (ch'amkkae)
Geröstete Sesamkörner, ob hell, schwarz oder braun in der Farbe, werden großzügig als geschmackliche Abrundung unter fast alle koreani-

schen Gerichte gemengt. Diese winzigen Samen sind reich an ungesättigten Fettsäuren und enthalten pflanzliches Eiweiß sowie Mineralstoffe.

Sesamöl (ch'amgirum)
Unerläßlich für die koreanische Kochkunst ist das Sesamöl mit seinem leichten Nußaroma. In Korea wird es seltener zum Braten und eher zum Abschmecken der Speisen benutzt.

Shiitake-Pilze (p'yogo)
Das Aroma der Shiitake-Pilze ist unvergleichlich und verleiht — auch in kleineren Mengen — jedem Gericht eine besondere Note — was sich oftmals auch im Preis niederschlägt. Im Handel sind sie getrocknet erhältlich und müssen vor dem Gebrauch ca. 20 Minuten in warmem Wasser eingeweicht werden. Das Einweichwasser läßt sich noch für eine gute Suppe verwenden. Der Pilz ist ein hervorragender Vitaminträger. Er entfaltet sich zu einem stattlichen, dickfleischigen, dunkelbraunen Hut, dessen meist zähe Stiele entfernt werden sollten.

Soyabohnenpaste (daenchang)
Die Soyabohnenpaste ist eine zähe, hellbraune Masse, die aus zerstoßenen fermentierten Soyaklumpen, Chilipfeffer, Reismehl und Salz hergestellt wird. Sie wird als Bindemittel in Suppen und Eintöpfen verwendet. In ländlichen Gegenden Koreas wird *daenchang* noch selbst hergestellt.

Wasabi
Als Wasabipaste oder Wasabipulver im Handel, verleiht dieser grüne Meerrettich, eingerührt in Saucen, diesen ein sehr pikantes Aroma.

Kleines Küchen-ABC

Wok

Der Wok, ein Klassiker unter den Töpfen und Bratpfannen seit etwa 3000 Jahren, ist nicht nur das populärste Kochgerät in seinem Ursprungsland China, sondern auch in Korea. Der traditionelle Wok wird aus Gußeisen gefertigt und hat eine bauchige, ausladende Grundform mit Eisen- oder Holzgriffen. Neben dieser Materialart kann man einen Wok auch aus Edelstahl — rostfrei — kaufen. Sogar auf eine Herdplatte ist man nicht mehr angewiesen; elektrische Woks mit eigenem Stromanschluß lassen jedes Essen zu einem kleinen geselligen Ereignis werden. Natürlich kann man auch auf eine normale Bratpfanne zurückgreifen, aber der Wok hat seine unübersehbaren Vorteile, die ihn so beliebt machen. Seine hohen, schräg abfallenden Seiten eignen sich ausgezeichnet zum Sautieren. Umgerührtes Gargut fällt von den schrägen Wänden der Pfanne zurück in die Mitte, ist somit einem ständigen Auf und Ab ausgesetzt, wodurch auch Garen bei hoher Hitze ermöglicht wird. Außer zum vitaminschonenden Garen verwendet man dieses Gerät auch zum Braten, Dämpfen und Fritieren. Fertige Zutaten werden mit einem Schaumlöffel oder speziellen chinesischen Bambussieben aus Messingdraht herausgefischt.

Bambusmatte

Die kleine, geschmeidige Bambusmatte wird zum Formen von Reisrollen benutzt (→ Rezepte).

Schneidetechniken

„Liebe geht durch den Magen", dieser Spruch bewahrheitet sich auch in Korea, wenn man bedenkt, mit welcher Geduld viele Gerichte zubereitet werden. Die Hauptarbeit liegt dabei im mundgerechten Zuschneiden der jeweils benötigten Zutaten. Der Phantasie sind bei der Formgebung keine Grenzen gesetzt, besonders Gemüse wird oft zu herrlichen Kunstwerken zurechtgeschnitten — von einfachen zarten Blütenformen bis zu detailgetreuen, phantastischen Tiersilhouetten.

Diagonal schneiden
Diese Schnittechnik behauptet sich vor allem bei Fleischprodukten. Das scharfe Messer wird quer zur Faser in einem 45 Grad-Winkel an der Oberfläche angesetzt, wobei der Schnitt von links oben nach rechts unten erfolgt. Das Resultat sind Streifen, die schnell garen und auch zart bleiben.
Gemüsearten wie Frühlingszwiebeln, Zucchini, Rettich oder Radieschen wird dadurch eine leicht ovale, elliptische oder runde Scheibenform verliehen.

Streifen, Stifte, Schnitzel schneiden
Auf der vorher genannten Schneidetechnik baut die hier vorgestellte auf. Wenn man die Scheiben nochmals der Länge nach schneidet, erhält man Teile, die sowohl in der Länge wie auch in der Dicke variieren können. Streifen sind meist streichholzdünn und -lang, Stifte und Schnitzel sollten haarfein sein.

Würfel schneiden
Würfel können von unterschiedlicher Größe sein (z.B. Rettich-Kimchi lxl cm), wobei die Längsteile nochmals in Querrichtung geteilt werden.

Hacken
Beim Hacken wird zwischen grob und fein hacken differenziert. Ersteres meint die Größe eines Reiskornes, mit letzterem verbindet man meist die Verarbeitung von Fleisch oder Fisch zu einem feinen Mus, wobei ein Mixer oder ein Fleischwolf gute Dienste leisten.

Kochtechniken

Durchziehen lassen/Marinieren
Um vor allem Fleisch einen würzigen Geschmack zu verleihen, wird es vor dem Kochvorgang in pikante Flüssigkeiten eingelegt (meist in

Foto:
Melonenpunch
Rezept siehe Seite 160

Reiswein, damit es während der Ruhezeit dieses Aroma aufnehmen kann). Dieser Prozeß des „Durchziehens“ ist auch unter dem Begriff „Marinieren“ bekannt.

Filetieren
Fischfilets werden von beiden Seiten abgehoben, indem man entlang des Rückrates das Fleisch bis auf die stabile Rückengräte einschneidet. Weitere Einschnitte werden an den Umrissen des Fisches (Kopf, Bauch, Schwanzflosse) vorgenommen. Dann wird ein biegsames, langes Messer flach in die Mitte des Kopfeinschnittes eingeschoben und fest, aber bedächtig in Richtung Schwanzende gebogen. Diesen Vorgang wiederholt man mehrmals, bis sich das Fleisch vom Grätengerüst gelöst hat.

Pochieren
Gemüse, Fleisch oder Fisch wird in heißer, beinahe kochender Flüssigkeit (im Ofen) gegart.

Getränke

Das bevorzugte Getränk während eines Essens ist meist kühles Wasser. Zum Abschluß eines Mahles wird obligatorisch heißes Reiswasser gereicht. Dieser Brauch entwickelte sich aus der Art des Reiskochens. Da man kein Korn verschwenden wollte, wurden am Topfboden festklebende oder angebrannte Reiskörner durch die Zugabe von Wasser gelöst. Dabei entdeckte man den Wohlgeschmack dieses Reiswassers, *soong nung*, dessen Genuß fortan zum festen Bestandteil eines guten Mahles wurde — wie die Tasse Kaffee oder Espresso nach dem Essen in Europa. Neben diesem Reiswasser offeriert man den Gästen auch Tees mit verschiedenen Aromen, wie z.B. Gerste, Ingwer oder Ginseng.

Tee

Im 8. und 9. Jahrhundert wurde der Buddhismus die treibende religiöse Kraft der koreanischen Kultur. Einer der Gesandten der Shilla-Königin Hungdok (826-836) brachte von einer Expedition aus dem benachbarten China die ersten Teepflanzen nach Korea. Der Brauch des Teetrinkens fand nicht nur bei Hofe und in hochgestellten Familien seine Anhänger, sondern wurde auch zu einem religiösen Zeremoniell in buddhistischen Tempeln. Im darauf folgenden Koryo-Reich (918-1392) gab es sogar einen Hofmeister, der einzig und allein mit der Aufgabe betraut war, über den Teeanbau und die -zeremonie zu wachen.
Der Glanz des Goldenen Zeitalters des Buddhismus begann zu verblassen, als die Koryo-Regentschaft durch die Yi-Dynastie gestürzt wurde — und der bis dahin als politische Ideologie das Regierungswesen beherrschende Konfuzionismus Überhand gewann. Buddhistische Mönche verloren an Ansehen, die Teezeremonie geriet in Vergessenheit. Auch wenn Korea heutzutage, verglichen mit China und Japan, keine Nation von Teetrinkern ist, finden doch mehr und mehr Menschen wieder Gefallen an dieser Tradition. Die Zeremonie ist geprägt von Ruhe

und Beschaulichkeit, der Tee wird langsam und leise getrunken, wobei die Flüssigkeit durch den Mund „gerollt" wird. Nach dem Schlucken bleiben die Lippen noch geschlossen, damit sich das volle Aroma entfalten kann. Hastiges Trinken und lautes Glucksen sind verpönt und verstoßen gegen *tado*, die Regel der Teezeremonie.

Reiswein

Neben dem „kühlen" Wasser und Reiswasser stehen auch alkoholische Getränke in Korea hoch im Kurs. *Makkolli*, leicht säuerlich im Geschmack, erinnert an eine Mischung aus Weißwein und Yoghurt und kann als der ursprüngliche Reiswein Koreas bezeichnet werden. Mit seinen 16 % Alkoholgehalt, seinen hohen Protein- wie auch Kalorienanteilen und dem niedrigen Verkaufspreis findet dieser trübe, milchfarbene Wein Anklang bei einem Großteil der Bevölkerung. *Yakju* unterliegt dem gleichen Gärungsprozeß wie Makkoli. Zu seiner Herstellung werden aber qualitativ höherwertige Getreidekörner (Reiskörner) verwendet. Er ist klarer in der Konsistenz und hat etwa 24 % Alkoholgehalt. Der Große unter den Reisweinen ist *Chongju* — auch bekannt unter dem Namen *Sake*. Leicht sauer, bitter und süßlich zugleich im Geschmack, umspült dieser Wein den Gaumen mit samtartiger Weiche. Ihm steht *Beobjoo* in der Qualität in nichts nach. Er wird in Kyongju, der alten Hauptstadt des Shilla-Königreiches destilliert und unterliegt einer gesetzlichen Kontrolle, die die Verarbeitung von geschältem Reis vorschreibt.

Majuang

Bei dem Stichwort Wein denkt man zumeist an Weinanbaugebiete in Deutschland oder Frankreich, nicht aber in Korea. Was hierzulande kaum bekannt ist: In Korea wird Wein angebaut, der an Geschmack und Qualität dem deutschen Rheinwein in nichts nachsteht. Diese Verwandtschaft kommt nicht von ungefähr. Die Koreaner lernten die Kunst des Weinanbaus und -kelterns in der „Geisenheimer Weinbauhochschule", Reben und Keltertechnik für Majuang sind diegleichen wie für die weltberühm-

ten Rheinweine. Beide haben ihren unverwechselbaren Charakter und ihre unverwechselbare Blume, weil sie auch in denselben Klimabedingungen gedeihen. In Korea herrschen im Gebiet der Chongha Vineyards im südlichen Teil des Landes ähnliche Bedingungen wie in der deutschen Rheinebene.
Die Geburtsstunde der Majuang-Weine ist ein Schlüsselpunkt in der Kelterkunst Koreas. Weintrinken erfreut sich dort zunehmender Popularität. Diese Weine sollten in einem gut sortierten Weinkeller nicht fehlen.

Soju

Die Mongolen brachten Soju, diesen meist aus Weizen oder Roggen destillierten „Schnaps", nach Korea, und er ist dort der beliebteste „Klare". Er bildet unter anderem auch die Basis für Pflaumen-, Ingwer-, Ginseng-, Magnolien- oder 100-Blumen-Liqueur. In Schnapsgläsern serviert und mit dem Trinkspruch „tupsida" (was soviel wie „Prost" heißt) ex getrunken, versetzt er seine Genießer mit 50-60% Alkoholgehalt garantiert schnell in fröhliche Stimmung.

Suppen

Koreanische Ravioli-Suppe
Mandukuk

Die Ravioli-Suppe ist eine besondere Spezialität für die kalten Herbst- und Wintertage in Korea. Da ihre Zubereitung etwas zeitaufwendig ist, offeriert man sie als besonderes Mahl zu Familienfeierlichkeiten. Die Herstellungsweise der Ravioli unterscheidet sich von Region zu Region. Die Form der Teigtaschen variiert von quadratisch über dreieckig zu halbmondförmig.

Zutaten
Für den Teig:
250 g Mehl
125 ml Wasser
Für die Füllung:
450 g Gehacktes
250 g Mungbohnensprossen (Soyabohnensprossen)
1 Zucchini
4 Schalotten
1 Zwiebel
2 Pfefferschoten (grün)
2 kleine Poreestangen
2 Möhren
50 g Champignons
600 g Bohnenquark (Tofu)
1 Ei
1 Knolle Knoblauch
2 Eßl. Sesamöl
60 ml Soyasauce
1 l Fleischbrühe aus Würfeln

Zubereitung/Teig

Mehl in eine Schüssel geben und in die Mitte eine Vertiefung drücken. Langsam das Wasser in die Kuhle fließen lassen und mit dem Mehl zu einem festen Teig verkneten. 30 Minuten ruhen lassen. Die Teigmasse zu einer länglichen Rolle formen und diese in fingerdicke Scheiben schneiden. Jede der Scheiben so dünn wie möglich ausrollen und mit einem Wasserglas oder Backförmchen ca. 30 Kreise von ca. 8 cm Durchmesser ausstechen.

Zubereitung/Füllung

Die Zucchini zuerst in dünne Scheiben, diese dann in Streifen schneiden, in eine Schüssel geben, mit Salz bestreuen und ca. 10 Minuten ruhen lassen. Danach mit kaltem Wasser abspülen. In der Zwischenzeit die Mungbohnensprossen in kochendem Wasser ca. 5 Minuten abbrühen, abtropfen lassen und auf einem Holzbrett fein zerhacken. Pilze, Poree, Zwiebel, Pfefferschoten und Möhren fein zerkleinern und in einer leicht gefetteten Pfanne ca. 5 Minuten dünsten. In einer großen Schüssel den Tofu, die Mungbohnensprossen, die Zucchinistreifen, die Zutaten der Gemüsepfanne und das Gehackte vermengen. Ein Küchentuch ausbreiten, die Masse in die Mitte legen, die 4 Tuchenden zusammenführen, zu einem Bündel drehen und soviel Wasser wie möglich herausdrücken. Dieser Vorgang ist wichtig, denn dadurch wird eine zu flüssige Füllung vermieden. Die entwässerte Masse in die Schüssel zurückgeben, mit Sesamöl, Soyasauce, den fein zerhackten Knoblauchzehen, einer kräftigen Prise Salz und Pfeffer würzen. Das Ei schaumig schlagen. In die Mitte jedes Teigplätzchens 1 Eßl. der Füllung plazieren, mit der Fingerspitze etwas Eiflüssigkeit auf den Rand der Teigkreise tupfen, das Teigrund überfalten und die Enden leicht zwischen den Fingerspitzen zusammendrücken. Während des Kochvorgangs wird sich die Eiflüssigkeit festigen und die beiden Teigränder verkleben bzw. abdichten. Die fertigen, rohen Ravioli auf ein mit Mehl bestreutes Blech oder Brett legen.

In einem großen Suppentopf die Fleischbrühe zum Kochen bringen. Die Schalotten grob zerschneiden und samt Soyasauce hinzufügen. Die „Mandus" in die kochende Brühe vorsichtig hineingleiten und ca. 5-10

Minuten köcheln lassen. Schwimmen die „Mandus" an der Oberfläche, noch 2 Minuten weiterkochen lassen, dann servieren.
Wird die Suppe als Beigabe zu einem Hauptgericht gereicht, dürften 3-4 Ravioli pro Person ausreichend sein.
Tip: In asiatischen Lebensmittelläden sind fertig zugeschnittene und tiefgefrorene Teigkreise erhältlich.

Für 4 Personen
Zubereitungszeit: 60 Minuten
Teig: 30 Minuten Ruhezeit

Frühlingshuhnsuppe
Baiksuk

In Korea verspricht man sich von dieser Suppe, daß sie Kranken in der Genesungszeit wieder auf die Beine hilft. Serviert mit einer Schale Reis und Kimchi, stellt sie ein nahrhaftes und leicht verträgliches Essen dar.

Zutaten
1 Hühnchen
125 g Reis
4 Kartoffeln
2 Möhren
4 Schalotten
1 kleine Stange Poree
10 Knoblauchzehen
8 Jujubes (getrocknete rote Datteln)
Ingwerpulver
Pfeffer, Salz

Zubereitung
Die Innereien des Hühnchens entfernen, Unterschenkel und Kopf abtrennen. Das Innere des Hühnchens mit dem Reis und 5 Knoblauchzehen stopfen, die Öffnung zunähen. In einem Suppentopf das Hühnchen ca. 15 Minuten in 1,5 l Wasser kochen lassen. Zwischenzeitlich Kartoffeln, Möhren, die restlichen Knoblauchzehen in kleine Würfel und die Poreestange in grobe Längsstreifen schneiden. Alles, einschließlich den Jujubes, zu dem Huhn in den Topf geben und weitere 30 Minuten köcheln lassen. Danach die Hitze reduzieren. Das Huhn herausnehmen, die Füllung entfernen, das Fleisch vom Knochen lösen, in mundgerechte Stücke rupfen und diese in die Suppe zurückgeben. Mit Salz, Pfeffer und einer Prise Ingwerpulver nach Belieben abschmecken, kurz wieder aufkochen lassen und servieren.

Für 3-4 Personen
Zubereitungszeit: 60 Minuten (einschließlich Kochzeit)

(*siehe Foto gegenüber S. 32*)

Würzige Fischsuppe
Mino Maeunt'ang

In einigen Fischspezialitätenrestaurants kann man sich für seine Mahlzeit den gewünschten Fisch aus dem Aquarium aussuchen. Koreaner bevorzugen für diese scharfe Suppe Seebarsch, Schellfisch und Karpfen.

Zutaten
1 kg Schellfisch
150 g Rindfleisch (Schulter)
10 Seemuscheln
1 Zucchini
6 Pfefferschoten (rot und grün)
1 Poreestange
2 Schalotten
1 Stück weißer Rettich
1 Möhre
1/2 Packung Bohnenquark (Tofu)
4 Knoblauchzehen
3 Eßl. Kochuchang (Paprikapaste)
1-2 Eßl. Chilipulver
1 Eßl. Sesamöl
1,5 l Wasser (oder Fischfond)
Pfeffer, Salz

Zubereitung
Flossen, Schuppen und Gräten des Fisches entfernen und diesen in ca. 5-6 große Stücke zerteilen. Das Rindfleisch in hauchdünne Streifen von ca. 5 cm Länge schneiden, diese mit dem Messer flachklopfen. Eine Gewürztunke aus Kochuchang, Sesamöl, Chilipulver, zerdrücktem Knoblauch, Salz und Pfeffer herstellen und über die Rindfleischstreifen geben. Die Zucchini längsseits halbieren, nochmals vierteln und dann in Längsstücke schneiden. Die Möhre und den Rettich zu einer blumenartigen Form trimmen, indem man entlang des Gemüses 5 Längskeile herausschneidet. Anschließend in Scheiben schneiden.

Pfefferschoten und Poree zerkleinern. Den Tofu in 2,5 cm große Würfel schneiden. In einem Kochtopf etwas Öl erhitzen und das Rindfleisch samt Marinade und Zucchinistücken leicht anbraten. Nach ca. 2-3 Minuten mit 1,5 l Wasser oder Fischfond auffüllen und aufkochen lassen. Danach die Fischstücke, die Rettich- und Möhrenrosetten, nach weiteren 5 Minuten die Seemuscheln, den Poree und die Pfefferschoten hinzufügen. Die Hitze reduzieren und die Suppe ca. 20 Minuten leicht köcheln lassen. Mit Salz, Pfeffer und Chilipulver abschmecken. Kurz vor dem Anrichten die Tofustücke mit einer Schöpfkelle in die Suppe gleiten lassen und weitere 2 Minuten kochen.

Für 4 Personen
Zubereitungszeit: 50 Minuten

Scharfe Garnelensuppe
Saiwu Chigae

Chigae ist der Oberbegriff für eine dickflüssige, pikant schmeckende Suppe.

Zutaten

6-8 Garnelen
250 g Fischfilet
1 Gemüsezwiebel
3 Schalotten
3 Shiitake-Pilze (getrocknet)
6 Champignons
2 Chinakohlblätter
1 Packung Bohnenquark (Tofu)
500 ml Fleischbrühe aus Würfeln
2 Eßl. Kochuchang (Paprikapaste)
4 Knoblauchzehen

Zubereitung

Die Shiitake-Pilze ca. 30 Minuten in Wasser einweichen, danach ausdrücken und vierteln. Die Garnelen von der Schale lösen. Das Fischfilet in ca. 5 cm lange Streifen schneiden. Die Zwiebel zerhacken, die Schalotten der Länge nach teilen. Die Champignons säubern und halbieren. Die Chinakohlblätter in Quadrate von ca. 3 cm Größe schneiden. Den Tofu in 6 gleichgroße Stücke teilen. Alle Zutaten in einen Suppentopf geben, die Fleischbrühe hinzuschütten und aufkochen. Mit den zerhackten Knoblauchzehen und Kochuchang würzen. Zugedeckt ca. 15 Minuten leicht köcheln lassen.

Für 2 Personen
Zubereitungszeit: 45 Minuten (einschließlich der Quellzeit der Pilze)

Würzige Gemüsesuppe
Yachae Chigae

Dieser pikante Chigae wird mit viel Reis serviert, um den scharfen Geschmack auszugleichen. Die Kombination von Fisch und Fleisch erscheint für unseren Gaumen eher ungewöhnlich, jedoch verleiht das Fleisch der Suppe ein besonderes Aroma.

Zutaten
125 g zartes Rindfleisch
250 g Schellfisch (oder Seebarsch), Gräten entfernen
600 g Chinakohl
1 Packung Bohnenquark (Tofu)
7 Schalotten
8 Shiitake-Pilze (getrocknet)
1 l Fleischbrühe aus Würfeln
4 Eßl. Kochuchang (Paprikapaste)
2 Eier
1 Eßl. Chilipulver

Zubereitung
Die Shiitake-Pilze in warmem Wasser ca. 30 Minuten einweichen. Das Fleisch in dünne Streifen schneiden. Den Fisch und den Chinakohl in 3 cm, den Tofu in 2 cm große Quadrate teilen. Die Schalotten in Längsstreifen, die Pilze in Scheiben schneiden. Den Chinakohl auf den Boden eines Topfes anordnen, darauf die vorbereiteten Zutaten geben und mit der Fleischbrühe auffüllen. Nun die Kochuchangpaste einrühren, alles 15 Minuten lang bei starker Hitze kochen und mit Chilipulver würzen. Die Eier mit einer Gabel oder einem Schneebesen schaumig schlagen und kurz vor dem Servieren unterrühren.

Für 3-4 Personen
Zubereitungszeit: 40 Minuten

Paprikapasteneintopf
Kochuchang Chigae

Dieser Eintopf wird oft mit Fleisch und Fisch angereichert.

Zutaten
1 l Reiswasser
1 Packung Bohnenquark (Tofu)
4 Bund Frühlingszwiebeln
6 Knoblauchzehen
350 g Soyasprossenkeime
250 g Schwarzwurzeln
5 Eßl. Kochuchang (Paprikapaste)
1 Eßl. Mehl
4 Eßl. Zitronensaft

Zubereitung
Als Beilage zum Chigae reicht man stets eine Schale mit Reis. Den ungekochten Reis in einer Schüssel mit 1 l Wasser waschen und etwa 5 Minuten quellen lassen. Dieses Wasser als Basis für die Suppe verwenden. Den Tofu in grobe Würfel zerkleinern, den Knoblauch hacken. Die Frühlingszwiebeln säubern, die Zwiebel abtrennen, vierteln und die grünen Stangen in 3 Teile zerschneiden. Die Schwarzwurzeln gründlich unter kaltem Wasser abbürsten, schaben und in ca. 5 cm lange Stücke schneiden. Sofort in einer Schale mit Wasser, Mehl und 2 Eßl. Zitronensaft legen, damit sie weiß bleiben. Wasser, eine Prise Salz und 2 Eßl. Zitronensaft aufkochen. Die Schwarzwurzeln hineingeben und ca. 15 Minuten garen. Abtropfen lassen und mit Hilfe einer Gabel in Fasern zerlegen. Alle aufgeführten Zutaten im Reiswasser in einem abgedeckten Kochtopf etwa 5 Minuten kochen und dann 15 Minuten ziehen lassen. Heiß servieren.
Tip: Sollte Ihnen der Sinn danach stehen, verwenden Sie zusätzlich 200 g zartes Rindfleisch (in feine Streifen geschnitten) und 200 g frischen, leicht gesalzenen Fisch. Getrockneter Fisch muß vorher gewässert wer-

den und wird von Beginn an mit den anderen Zutaten gekocht, während frischer Fisch (sowie auch das Fleisch) erst nach dem 5-minütigen Kochvorgang hinzugefügt wird.

Für 4 Personen
Zubereitungszeit: 35 Minuten
Kochzeit: 20 Minuten

Frühlingszwiebelsuppe
Yangpaguk

Koreanische Suppen können dickflüssig und scharf, klar und delikat, würzig oder mild sein. Eine Mahlzeit ohne Suppe ist für einen Koreaner unvorstellbar.

Zutaten
300 g Rindfleisch
4 Eßl. Soyasauce
5 Knoblauchzehen
2 Bund Frühlingszwiebeln (oder 4 Poreestangen)
2 Eier
1 l Fleischbrühe aus Würfeln
Pfeffer, Salz

Zubereitung
Das Fleisch in Streifen schneiden, mit der Soyasauce, dem fein gehackten Knoblauch, Salz und Pfeffer in einen Suppentopf geben und bei mittlerer Hitze von allen Seiten braun anbraten. Die Fleischbrühe hinzufügen und ca. 30 Minuten kochen lassen, bis das Fleisch weich ist. In der Zwischenzeit das Zwiebellauch (Poree) in ca. 5 cm lange Streifen schneiden, die Zwiebeln vierteln und mit dem aufgeschlagenen Ei in einem tiefen Teller vermengen. Nach und nach dieses Gemenge in die kochende Suppe geben, weitere 5 Minuten leicht köcheln lassen, mit Pfeffer und Salz abschmecken und servieren.

Für 4 Personen
Zubereitungszeit: 15 Minuten
Kochzeit: 35 Minuten

Spinatsuppe
Ginchang Sigumchikuk

Nicht nur Rindergehacktes harmoniert mit Spinat. Frische Muscheln und Krabben sind auch einen Versuch wert.

Zutaten
300 g Blattspinat (frisch oder tiefgekühlt)
1 Poreestange
3 Knoblauchzehen
300 g Rindergehacktes
1 Eßl. Sesamöl
2 Eßl. Soyasauce
1 l Fleischbrühe aus Würfeln
2 Eßl. Soyabohnenpaste (Daenchang)
Pfeffer, Salz

Zubereitung
Frischen Spinat verlesen, die harten Stiele entfernen und in kaltem Wasser gründlich waschen. In kochendem Wasser 2 Minuten blanchieren. Grob hacken. Tiefkühlspinat nach Packungsanweisung auftauen. Die Poreestange waschen und in dünne Scheiben schneiden, die Knoblauchzehen fein zerkleinern. Das Sesamöl in einem Suppentopf erhitzen, das Rindergehackte hineinbröseln und leicht bräunlich anbraten. Die Poreescheiben, den Knoblauch, die Soyasauce, Salz und Pfeffer hinzufügen und ca. 1 Minute unter ständigem Rühren leicht brutzeln lassen. Danach mit der Fleischbrühe ablöschen, die Soyabohnenpaste darin auflösen und den Spinat zugeben. Die Suppe kurz aufkochen und mit geschlossenem Deckel bei niedriger Temperatur noch ca. 10-15 Minuten köcheln lassen. Nach Geschmack nochmals mit Pfeffer und Salz würzen und sofort servieren.

Für 4 Personen
Zubereitungszeit: 15 Minuten
Kochzeit: 15-20 Minuten

Foto:
Frühlingshuhnsuppe
Rezept siehe Seite 24

Salate

Mungbohnensprossensalat
Sukchunamul

Sowohl die Soyabohnen- als auch die Mungbohnensprossen kann man selbst zu Hause kultivieren. Dieser Salat sollte nicht an schwülen Sommertagen serviert werden, da er dann leicht verdirbt.

Zutaten
500 g Mungbohnensprossen (oder Soyabohnensprossen)
1 Bund Schnittlauch
2 Knoblauchzehen
4 Eßl. Soyasauce
4 Eßl. Sesamöl
3-4 Eßl. Essig
2 Eßl. Sesamkörner
1 Teel. Paprikapulver (scharf)
1 Eßl. Zucker
Pfeffer, Salz

Zubereitung
Frische Mungbohnensprossen werden ca. 5 Minuten in leicht gesalzenem kochendem Wasser abgebrüht und anschließend unter kaltem Wasser abgeschreckt. Werden Sprossen aus dem Glas oder der Dose verwendet, so braucht man diese lediglich abtropfen zu lassen. Den Schnittlauch in feine Ringe hacken. Aus gepreßten Knoblauchzehen und den restlichen Zutaten eine Würztunke zubereiten, diese über die Sprossen verteilen, mit den Schnittlauchringem vermengen und 15 Minuten ziehen lassen. Vor dem Servieren eventuell nachwürzen und mit gerösteten Sesamkörnern bestreuen.

Für 3-4 Personen
Zubereitungszeit: 25 Minuten

Scharfer Rettichsalat
Mun Saengchae

Scheuen Sie sich nicht, das Chilipulver mit der Hand zu vermengen. Es läßt sich dann besser verteilen. Beim Rettich in diesem Rezept ist der dicke, bayerische „Brotzeit-Rettich" gemeint und nicht der viel kleinere sogenannte „Eiszapfen".

Zutaten
1 großer, weißer Rettich
5 Frühlingszwiebeln
3 Salatblätter
1 1/2 Eßl. Chilipulver
4 Knoblauchzehen
2 Eßl. Essig
2 Eßl. Soyasauce
2 Eßl. Sesamkörner
1-2 Eßl. Zucker
1 Eßl. Sesamöl
1 Bund Schnittlauch
Salz

Zubereitung
Den Rettich abbürsten und in Scheiben, diese wiederum in hauchdünne Längsstreifen schneiden, mit Salz bestreuen und 15 Minuten ziehen lassen. Die Rettichstreifen anschließend unter Wasser abspülen, in ein Leinentuch wickeln und das restliche Wasser ausdrücken. Den Rettich in eine Schüssel geben, mit dem Chilipulver bestreuen und vermengen, so daß der weiße Rettich eine gleichmäßige rötliche Färbung annimmt. Aus Essig, Soyasauce, Zucker, Sesamkörnern, gehacktem Schnittlauch und gepreßten Knoblauchzehen ein Dressing herstellen und über die rotgefärbten Rettichstreifen geben. Die Frühlingszwiebeln samt grünen Stengeln in feine Längsstreifen schneiden. Alles vermengen und auf einem mit Salatblättern dekorierten Teller anrichten, noch ca. 30 Minuten ziehen lassen.

Tip: Je früher der Salat vor dem Servieren angerichtet wird, desto intensiver kann der Rettich den Marinadengeschmack annehmen.

Für 2 Personen
Zubereitungszeit: 25 Minuten

Seetangsalat
Saengmiyok Chochae

Als getrockneter Seetang sollten Wakama- oder Hijikialgen, nicht aber die Norialgen verwendet werden. Man schreibt Algen eine besonders große Nahrhaftigkeit zu.

Zutaten
15 g Seetang
150 g Krabbenfleisch (sogenanntes Spinnenfleisch)
1/2 Schlangengurke
2 Eßl. Schnittlauchröllchen
1 Eßl. Essig
1 Teel. Chilipulver
2 Knoblauchzehen
1 Teel. Zucker
Salz

Zubereitung
Den getrockneten Seetang vor Gebrauch in warmem Wasser einweichen, bis die schwarzen Fasern zu grünlichen Blättern aufgequollen sind (Quellzeit: 30 Minuten). Den Seetang unter kaltem Wasser abschrecken und in kleinere Stücke zerschneiden. Die Schlangengurke der Länge nach halbieren, mit einem Löffel das weiche Kernstück auskratzen und jede Hälfte in hauchdünne Halbmondscheiben raspeln. Diese mit etwas Salz bestreuen, einige Minuten ziehen lassen, dann das Wasser ausdrücken. Das Krabbenfleisch in dünne Fäden auseinanderziehen. Seetangstücke, Schlangengurke und Krabbenfleisch mit Chilipulver bestreuen, danach mit der angerührten Tunke aus Soyasauce, Sesamöl, Essig, Zucker, Schnittlauch und zerhackten Knoblauchzehen übergießen und alle Zutaten gut vermischen. Einige Minuten ziehen lassen und auf einem Teller servieren.

Für 4 Personen
Zubereitungszeit: 40 Minuten

Zucchini-Huhn-Salat
Hobaknamul

Zutaten
500 g Zucchini
400 g Hühnchenbrustfilet
3 Knoblauchzehen
3 Eßl. Kochuchang (Paprikapaste)
1 Eßl. Sesamkörner
3 Eßl. Sesamöl
3 Eßl. Soyasauce

Zubereitung
Die Zucchini in 5 mm dicke Scheiben, diese in Streifen schneiden. Mit einer kräftigen Prise Salz bestreuen und ca. 20 Minuten ruhen lassen. Unter kaltem Wasser das Salz abspülen. Anschließend in ein Leinentuch geben und soviel Wasser wie möglich ausdrücken. Das Hühnchenbrustfilet in fingerdicke Streifen schneiden und mit Kochuchangpaste einreiben. Das Sesamöl in einer Pfanne erhitzen, die Hühnchenstreifen darin braun anbraten, etwa 8-9 Minuten, mit gehacktem Knoblauch, Soyasauce und Sesamkörnern würzen. Die Zucchinistreifen hinzugeben und bei mäßiger Hitze ca. 5 Minuten weitergaren. Bei Zimmertemperatur servieren.

Für 2-4 Personen
Zubereitungszeit: 45 Minuten

Gemüse-Huhn-Salat
Dak Naengchae

In koreanischen Familien wird dieser wohlschmeckende Salat als ein leicht bekömmliches sonnabendliches Mahl gereicht.

Zutaten
1 Hähnchen
80 g Shiitake-Pilze (getrocknet)
2 Möhren
5 Chinakohlblätter
1 Schlangengurke
1 rote Paprika
2 Frühlingszwiebeln
5 Knoblauchzehen
3 Eßl. Soyasauce
1 Eßl. Essig
3 Teel. Zucker
125 ml Hühnerbrühe (vom gekochten Huhn)
2 Eßl. gehackte Pinienkerne
2 Eßl. Sesamkörner
1 Eßl. Sesamöl
1 Eßl. Senf

Zubereitung
Die Shiitake-Pilze 30 Minuten in warmem Wasser einweichen. Frische Pilze, z.B. Champignons, sind nur zu säubern und dann in dünne Scheiben zu schneiden. Das Huhn in einen Kochtopf legen, mit Wasser bedecken und ca. 30 Minuten kochen lassen. Möhren, Frühlingszwiebeln, Chinakohlblätter und Paprikaschote in 5 cm lange Streifen schneiden. Die Schlangengurke halbieren, mit einem Teelöffel das Innere der Gurke, die Samenkerne, herausschaben, so daß nur noch eine halbmondartige Form erhalten bleibt. Die Gurke in Scheiben raspeln. Sämtliches Gemüse in eine Schüssel geben, mit Salz bestreuen und ca. 10-15 Minuten stehen lassen. Unter kaltem Wasser in einem Sieb abspülen und mit

der Hand soviel Wasser wie möglich aus dem Gemüse drücken. Soyasauce, Essig, Zucker, gehackten Knoblauch, zerkleinerte Pinienkerne und Sesamkörner in die Hühnerbrühe einrühren, diese über das Gemüse gießen. Nun das Hühnchenfleisch vom Knochen lösen, in 3-4 cm große Stücke schneiden und dem Gemüse zufügen. Aus Senf und 1 Eßl. heißem Wasser eine Paste anrühren, diese über den Salat gießen, alles gut vermengen, 10 Minuten ziehen lassen und servieren.
Tip: Man kann Champignons oder Austernpilze verwenden. Vorzuziehen sind aber Shiitake Pilze, die dem Gericht den unverwechselbaren Geschmack verleihen.

Für 4 Personen
Zubereitungszeit: 40 Minuten
Garzeit: 30 Minuten

Gebündelter Zwiebellauch
Paganghoe

Diese mundgerechten Happen lassen sich gut mit Stäbchen greifen und sind appetitanregend.

Zutaten
1 Bund Frühlingszwiebeln
3 Eier
1 Scheibe gekochten Schinken
2 Eßl. Pinienkerne
1 Eßl. Kochuchang
3 Teel. Zucker
1 Teel. gehackte Schalotte
1 Teel. gehackter Knoblauch
1 Eßl. Essig

Zubereitung
Den Zwiebellauch waschen, säubern, in leicht gesalzenes kochendes Wasser gleiten lassen, für ca. 5-7 Minuten abbrühen und abtropfen lassen. Das Eiweiß vom Eigelb trennen, beides separat aufschlagen und in einer Pfanne nacheinander zu einem dicken Fladen backen. Auf einem Holzbrett den Eiweißfladen, darauf die Schinkenscheibe und zuoberst den Eigelbpfannkuchen schichten und in ca. 5x1 cm große rechteckige Streifen zuschneiden. Diese Streifen in der Mitte durch einen Lauchstrang zu einem kleinen Bündel verschnüren. Dabei legt man das weiße Zwiebelende parallel zu dem Eigelbstreifen und wickelt das grüne Zwiebelstrangende in der Mitte um dieses herum. Aus Kochuchang, Essig, 1 Eßl. Wasser, Zucker, Knoblauch und Schalotte eine dickflüssige Paste rühren. Die Pinienkerne zermalmen und das Pulver über die Sauce streuen. Die fertigen Bündel sternförmig am Tellerrand arrangieren und die Sauce in einer kleinen Schale in der Mitte des Tellers plazieren.

Für 2 Personen
Zubereitungszeit: 35 Minuten

(siehe Foto gegenüber S. 48)

Tintenfischsalat
Ozinguhchae

Tintenfisch erfreut sich in Korea größter Beliebtheit. Sein Fleisch hat eine gewisse Kaufestigkeit, ist aber nicht zäh und wird zum Aperitif gereicht wie Nüsse oder Oliven hierzulande. Ein Appetitanreger für alle, die einmal etwas Neues ausprobieren möchten.

Zutaten
250 g gesäuberten Tintenfisch
einige Salatblätter
5-6 Eßl. Kochuchang (Paprikapaste)
3 Knoblauchzehen
2 Schalotten
1 Eßl. Soyasoße
1 Eßl. Sesamöl
1 Eßl. Essig
2-3 Eßl. Zucker
1 Eßl. Sesamkörner

Zubereitung
Den Körpersack und die Fangarme des Tintenfisches in Streifen von 1x4 cm Größe schneiden. Den Tintenfisch in 0,5 l kochendes Wasser geben und nach 30-40 Sekunden (!) schnell mit einer Schöpfkelle herausfischen. In ein Sieb geben und unter fließend kaltem Wasser kurz abschrecken. Die Salatblätter auf einer Platte ausbreiten und den Tintenfisch darauf arrangieren. Aus der Kochunchangpaste, zerdrückten Knoblauchzehen, fein gehackten Schalotten und den restlichen Zutaten eine Sauce anrühren. Diese zum Fisch als Dip servieren.
Tip: Frischen Tintenfisch kann man in Fischgeschäften kaufen. Er ist aber auch aus der Tiefkühltruhe erhältlich, wobei tiefgekühler Fisch dem frischen in der Qualität in nichts nachsteht. Vor dem Kochen muß der Fisch gänzlich aufgetaut sein. Sollte der Fisch noch nicht ausgenommen sein, schrecken Sie vor einer Zubereitung nicht zurück: Die Fangarme wer

den in einer Hand gebündelt und schwungvoll, aber bedächtig aus dem Körpersack gedreht. Die ans Tageslicht tretenden Innereien abschneiden und den Beutel abtrennen. Den Körpersack und die Fangarme waschen und zubereiten.

Für 2 Personen
Zubereitungszeit: 10 Minuten

Saucen

Aromatisierte Soyasauce

Zutaten
4 Eßl. Soyasauce
2 Eßl. Rinderbrühe
1 Teel. Reiswein oder Sherry
1 Prise Zucker
1 Teel. Sesamkörner

Zubereitung
Die Sesamkörner in einer Pfanne 2-3 Minuten rösten und in einem Mörser zerstampfen. Alle Zutaten verrühren.

Zubereitungszeit: 5 Minuten

Essig-Soyasauce

Zutaten
4 Eßl. Soyasauce
2 Eßl. Essig
1/2 Teel. Zucker
1 Prise schwarzer Pfeffer

Zubereitung
Alle Zutaten in einer Schale verrühren.

Essig-Soyasauce mit Senf

Zutaten
4 Eßl. Soyasauce
2 Eßl. Essig
1 Eßl. Senf
1 Teel. Sesamkörner

Zubereitung
Sesamkörner in einer Pfanne rösten, zerstoßen und mit den übrigen Zutaten vermengen.

Pikante Essig-Soyasauce

Zutaten
4 Eßl. Soyasauce
2 Eßl. Essig
1 Teel. Sesamöl
1 Teel. Paprikapulver (scharf)
1 Teel. Zucker
1 Teel. Sesamkörner
2 Eßl. Schnittlauchringe
1 Knoblauchzehe
1 Teel. gehackte Zwiebeln

Zubereitung
Die Knoblauchzehe pellen, fein hacken und mit den verbleibenden Zutaten verrühren.

Soyasauce für rohen Fisch

Wasabi ist eine Art grüner Meerrettich, scharf im Geschmack und als Pulver oder Paste erhältlich.

Zutaten
4 Eßl. Soyasauce
2 Eßl. Essig
2 Teel. Wasabipaste
1 Teel. Zucker

Zubereitung
Die Wasabipaste mit den restlichen Zutaten zu einer Sauce anrühren.

Kochuchang-Sauce

Diese Sauce eignet sich zu rohem und gekochtem Fisch.

Zutaten
4 Eßl. Kochuchang
2 Knoblauchzehen
1 Schalotte
1 Eßl. Soyasauce
1 Eßl. Sesamöl
1 Eßl. Essig
2-3 Eßl. Zucker
1 Eßl. Sesamkörner

Zubereitung
Knoblauchzehen und Schalotte pellen, fein zerkleinern und mit den restlichen Zutaten in einem kleinen Topf erhitzen, etwa 3-5 Minuten eindicken lassen und servieren.

Zubereitungszeit: 10 Minuten

Süße Sauce

Zutaten
250 ml Soyasauce
150 ml Rübensirup
100 g Zucker
150 ml Wasser
50 ml Reiswein
1 Eßl. Ingwersaft oder 1 Teel. Ingwerpulver
1/2 Teel. Pfeffer

Zubereitung
Alle Zutaten in einer Pfanne erhitzen und bei niedriger Temperatur einköcheln lassen, bis die Sauce eine dickflüssige Konsistenz erreicht hat.

Süß-saure Sauce

Zutaten
4 Eßl. Soyasauce
8 Eßl. Essig
5 1/2 Eßl. Zucker
2 Eßl. Mehl
Pfeffer, Salz

Zubereitung
Alle Zutaten bis auf das Mehl in einer Pfanne erwärmen. Das Mehl mit 50 ml Wasser verrühren und langsam einrühren, bis die Sauce eindickt.

Sauce für gefüllte Gemüse

Diese Sauce hat einen milden Geschmack. Man verwendet sie zu beliebigem gekochten Gemüse.

Zutaten
250 ml Kochwasser des jeweiligen gekochten Gemüses
1 Schalotte
1 Champignon
1 Stück Möhre
1 Teel. Sesamöl
1 Eßl. Soyasauce
1 Eßl. Speisestärke
1 Prise Salz

Zubereitung
Schalotte, Champignon und Möhre sehr fein hacken, im Gemüsewasser zum Kochen bringen, nach 10 Minuten Sesamöl, Soyasauce und Salz einrühren. Nach 3-4 Minuten die Kartoffelstärke in der Brühe einrühren. Den Topf von der Platte nehmen, unter Rühren eindicken lassen.

Zubereitungszeit: 18 Minuten

Soyasauce für Reisgerichte

Zutaten
4 Eßl. Soyasauce
1 Eßl. Sesamöl
2 Knoblauchzehen
1 Schalotte
1 Teel. Sesamkörner

Zubereitung
Knoblauchzehen und Schalotte pellen, fein zerhacken und mit den restlichen Zutaten zu einer Sauce verrühren.

Zubereitungszeit: 3 Minuten

Fleischgerichte vom Rind

Geschmorte Rippchen
Kalbitchim

Rippchen sind in Korea ein Renner zu jeder Jahreszeit. Populär ist es, diese zu grillen oder zu braten. Versuchen Sie es einmal mit geschmorten Rippchen auf koreanische Art.

Zutaten
1 kg Rippchen (Hohe Rippe)
2 Möhren
1 großer, weißer Rettich
2 Zwiebeln (groß)
150 g Champignons
10 Gingkonüsse
10 Jujubes
8 Maronen
2 Eßl. Pinienkerne
1 Eßl. Sesamkörner
2 Eßl. Zucker
5 Eßl. Reiswein
1 Bund Schnittlauch
4 Schalotten
1 Knolle Knoblauch
6 Eßl. Soyasauce
2 Eßl. Sesamöl
1 Eßl. Mehl
Pfeffer, Salz

Zubereitung
Die Rippchen in Stücke von ca. 5 cm Länge schneiden (beim Metzger vorbereiten lassen), waschen und jedes Stück im Abstand von ca. 0,5

Foto:
Gebündelter Zwiebellauch
Rezept siehe Seite 40

cm Intervallen diagonal tief einschneiden. Reiswein, Sesamöl und Zucker verrühren, über die Rippchen verteilen und ca. 10 Minuten marinieren lassen. Eine Gewürztunke, bestehend aus Soyasauce, Sesamkörnern, fein gehacktem Schnittlauch, fein gehackten Schalotten, gepreßten Knoblauchzehen, Salz und Pfeffer zubereiten und über die Rippchen geben. Mit 1 Eßl. Mehl bestreuen und nochmals ca. 10-15 Minuten einem Marinierungsprozeß unterziehen.
Inzwischen die Möhren und Champignons waschen, säubern und in Scheiben schneiden, die Zwiebeln in Ringe schneiden. Den Rettich in fingerdicke Scheiben zerlegen und diese grob würfeln. Maronen und Gingkonüsse schälen, erstere halbieren, die Jujubes waschen. Die Nüsse in einer ölhaltigen Pfanne leicht erhitzen, bis sie eine grünliche Farbe annehmen. Mit dem Finger die Außenhaut abrubbeln. Den Boden des Wok oder einer tiefen Pfanne mit den Zwiebeln auslegen, darauf die Rippchen am Rand verteilen und die Marinade darübergießen. Die restlichen vorbereiteten Zutaten in die Mitte geben, mit 400 ml Wasser auffüllen und bei leichter Hitze maximal 1 Stunde zugedeckt kochen lassen. Wenn das Fleisch zart ist, den Deckel entfernen und bei starker Hitze einige Minuten braten, bis alles glasiert ist. Das Gericht auf einem großen Teller dekorativ anrichten und mit sehr fein gehackten Pinienkernen bestreuen. Dazu Reis servieren.
Tip: Sollten Sie Zeit und Mühe nicht scheuen, so können Sie die Möhren und Rettichstücke in ovale Formen trimmen. Dafür den Rettich in ca. 5 cm dicke Scheiben schneiden, halbieren, vierteln und diese kleinen „Tortenstücke“ mit einem Messer in eine ovale Form schälen. Das Auge ißt mit!

Für 2-3 Personen
Zubereitungszeit: 30 Minuten
Kochzeit: 60 Minuten

Rindfleisch mit Nudeln und Gemüse
Soegogi Chapchae

Chapchae ist ein beliebtes Gericht, welches hervorragend mit einer Vielzahl von anderen Speisen zum Essen gereicht werden kann. Nach Belieben können drei oder mehr Gemüsesorten verwendet werden, die jedoch farblich einen guten Kontrast zum Fleisch und den durchsichtigen Nudeln bilden sollten.

Zutaten
350 g zartes Rindfleisch
100 g Glasnudeln
4 Möhren
4 Zwiebeln
1 Paprika (rot)
200 g Blattspinat
7 Shiitake-Pilze (getrocknet)
5 Knoblauchzehen
1 Ei
1 Eßl. Pinienkerne
Soyasauce
Sesamöl
Zucker
Pfeffer, Salz

Zubereitung
Die Pilze ca. 30 Minuten in warmem Wasser einweichen. Eine Marinade, bestehend aus 5 Eßl. Soyasauce, 2 Eßl. Sesamöl, 1 Eßl. Zucker, 1 fein gehackten Zwiebel, 2 gepreßten Knoblauchzehen und schwarzem Pfeffer anrühren. Das Rindfleisch in dünne Längsstreifen von ca. 5 cm Länge, 1 cm Breite schneiden und mit der Beize übergießen. Zwischenzeitlich Möhren, Zwiebeln, Paprika und Pilzhüte in streichholzdicke Längsstreifen und den Spinat in grobe Stücke schneiden. Die Zutaten getrennt voneinander aufbewahren. Die Glasnudeln 5 Minuten in Wasser einweichen und ca. 5 Minuten in kochendes Wasser geben, unter kaltem Was-

ser abschrecken und mit 2 Eßl. Sesamöl vermengen. In einer Pfanne Öl erhitzen und die Gemüsestreifen etwa 2 Minuten leicht anbraten, wobei zuerst die Zwiebeln glasig gedünstet werden und dann nacheinander das restliche Gemüse hinzugegeben wird. Mit 2 Eßl. Soyasauce, 1 Eßl. Sesamöl, 1 Prise Zucker, 3 ausgepreßten Knoblauchzehen, Pfeffer und Salz würzen.
Die marinierten Rindfleischstreifen in einer anderen Pfanne anbraten, mit einem Schuß Soyasauce und einer Prise Zucker abschmecken und dann in die Gemüsepfanne geben. Auf gleiche Art die Nudeln anbraten. Alle Zutaten in einer Pfanne noch ca. 4 Minuten bei mittlerer Hitze leicht weiterbraten und den Geschmack evtl. mit Soyasauce und Sesamöl abrunden. Das Ei schaumig schlagen und in einer Pfanne zu einem Pfannkuchen backen. Diesen in hauchdünne Streifen schneiden. Chapchae wird auf einem großen Teller angerichtet, mit Eistreifen und Pinienkernen garniert und mit Reis gereicht.

Pfannengerührtes Rindfleisch mit Pfefferschoten
Soegogi Putkochubokkum

Das dunkelbraun gebratene Fleisch ergibt einen hübschen Farbkontrast zu den glänzenden grünen und roten Pfefferschoten. Ein feuriger Leckerbissen für Liebhaber pikanter Gerichte.

Zutaten
500 g zartes Rindfleisch
15 Pfefferschoten (rot und grün)
6 Knoblauchzehen
4 Eßl. Soyasauce
2 Eßl. Sesamöl
4 Eßl. Reiswein
2 Eßl. Zucker
1 Eßl. Maismehl (Maisstärke)
Salz

Zubereitung
Das Rindfleisch quer zur Faser in streichholzdünne Streifen von ca. 10 cm Länge und 1 cm Breite schneiden. Soyasauce, Sesamöl, Reiswein, 1 Eßl. Zucker und eine Prise Salz verrühren. Die Fleischstreifen in der Marinade ca. 15 Minuten ziehen lassen, dann mit dem Maismehl bestäuben. Die Pfefferschoten längs halbieren, die Samenkörner entfernen und das Fruchtfleisch in haarfeine Fasern zerschneiden. Die Knoblauchzehen pellen und grob hacken. Öl im Wok (oder einer Pfanne) erhitzen. Das Pfefferschotengemüse 1 Minute pfannenrühren, dabei mit 1 Eßl. Zucker und einer kräftigen Prise Salz überstreuen. Anschließend den Knoblauch und das Fleisch samt Marinade hinzufügen und unter leichtem Rühren alles noch ca. 5 Minuten braten. Das Gericht auf einem großen Teller anrichten und eine Schale Reis dazustellen.

Für 2 Personen
Zubereitungszeit: 25 Minuten

Rindfleisch in Soyasauce
Jangjorim

Dieses Gericht ist eine der Hauptbeilagen bei einem Menü und wird vor allem von Kindern und betagten Personen bevorzugt.

Zutaten
650 g Rindfleisch (Bruststück)
10-15 Wachteleier
6-8 Pfefferschoten
20 Knoblauchzehen
200 ml Soyasauce
3 Eßl. Zucker

Zubereitung
Die Wachteleier ca. 8 Minuten kochen, unter kaltem Wasser abschrecken und die Schale pellen. Das Rindfleisch in gulaschgroße Stücke schneiden. Diese in einen Kochtopf legen und mit 1 l Wasser bedecken. Ca. 10 Minuten bei starker Hitze kochen, dann die Temperatur reduzieren und solange köcheln lassen, bis das Fleisch zart und weich ist. Die Stielenden der Pfefferschoten schräg abschneiden, das Fruchtfleisch halbieren. 10 Knoblauchzehen in Scheibchen schneiden, die restlichen ganz belassen. Den Knoblauch, die Pfefferschoten, die Soyasauce und den Zucker zu dem Fleisch in den Topf geben und bei leichter Hitze weiterkochen. Zum Schluß die Wachteleier hinzulegen, nochmals 2-3 Minuten stark aufkochen lassen. Die Wachteleier längs halbieren und das Fleisch in dickere Fasern auseinanderzupfen. In die Mitte eines tiefen Tellers oder einer Auflaufform die Fleischfasern plazieren, links und rechts davon die Eierhälften, die Pfefferschoten und Knoblauchzehen. Die Sauce gleichmäßig über das Gericht verteilen.

Für 2-3 Personen
Zubereitungszeit: 20 Minuten

Rindfleisch-Gemüse-Rouladen in Soyasauce
Soegogi Yachaemarijorim

Zutaten

4 Scheiben Rouladenfleisch von je 150 g
1 Schwarzwurzel
2 Möhren
5 Pfefferschoten
5 Eßl. Soyasauce
2 Eßl. Kochuchang (Paprikapaste)
2 Eßl. Reiswein
2 Eßl. Zucker
1 Stück Ingwerwurzel (1 cm)
Tomatenviertel und Salatblätter zum Dekorieren

Zubereitung

Die Schwarzwurzel und die Möhren gründlich unter kaltem Wasser abbürsten, schaben und in bleistiftartige Stäbchen von mindestens 10 cm Länge schneiden. Diese in 100 ml heißem Wasser mit 1 Eßl. Zucker und 2 Eßl. Soyasauce ca. 5-8 Minuten kochen lassen, danach mit einer Schöpfkelle herausnehmen. Die Pfefferschoten längs halbieren, die Samenkörner entfernen und das Fruchtfleisch in dicke Längsstreifen schneiden. In einem Bratentopf eine Sauce aus 125 ml Wasser, 3 Eßl. Soyasauce, 2 Eßl. Reiswein, 1 Eßl. Zucker, dem Kochuchang und dem fein gehackten Ingwer anrühren und bei geringer Hitze etwas eindicken lassen. Je ein Stück der Möhre, der Schwarzwurzel und der Pfefferschote auf das Fleisch verteilen und aufrollen. Mit Rouladenklammern, Spießchen oder Rouladengarn zusammenhalten. Die Rouladen in der Bratensauce rundherum anbraten (ca. 15 Minuten) und weiterschmoren lassen, bis die Flüssigkeit fast verkocht ist. Auf einem Servierteller die Salatblätter auslegen, den Rand mit einigen Tomatenvierteln garnieren, die Rouladen von Klammern, Spießchen oder Fäden befreien, schräg in der Mitte teilen und auf dem Salat anrichten. Die restliche Sauce darüber verteilen.

Für 2 Personen
Zubereitungszeit: 25 Minuten

Gefüllte Bambusschößlinge
Sulgogi Chuksunjangjorim

Zutaten
150 g Rindergehacktes
2 Gläser Bambusschößlinge (ganz, nicht in Scheiben)
2 Frühlingszwiebeln
6 Knoblauchzehen
1 Eßl. Sesamöl
5 Eßl. Soyasauce
2 Eßl. Zucker
Mehl
Pfeffer, Salz

Zubereitung
Die Flüssigkeit der Bambusschößlinge abtropfen lassen. Die Wurzel in 5 cm lange Stücke schneiden und behutsam das Mittelstück auskratzen, so daß dickwandige Bambusringe entstehen. Die Innenwände mit Mehl bestäuben. Das Gehackte mit gepreßtem Knoblauch, fein zerschnittenen Zwiebeln, dem Sesamöl sowie Salz und Pfeffer vermengen. Die ausgehöhlten Wurzeln mit der würzigen Fleischmasse füllen und von allen Seiten mit Mehl bestreuen. In einer Pfanne die Soyasauce, 125 ml Wasser und 1 Eßl. Zucker unter Rühren erhitzen und die gefüllten Bambusstücke mit einer Schöpfkelle hineinlegen. Bei mittlerer Flamme köcheln lassen, bis die Wurzeln glasiert erscheinen. Mit der Schöpfkelle vorsichtig auf einem Teller anrichten und die Sauce darübergießen.

Für 2 Personen
Zubereitungszeit: 15 Minuten

Marinierte Rippchen
Soegalbigui

Rippchen eignen sich hervorragend zum Grillen und für ein Picknick. Schon seit undenklichen Zeiten schätzt man diese fleischigen Knochen in der koreanischen Küche.

Zutaten
1 kg Rinderrippchen
2 Gemüsezwiebeln
1 Poreestange
1 Bund Schnittlauch
6 Frühlingszwiebeln
3 Pfefferschoten
20 Knoblauchzehen
2 Eßl. Sesamkörner
4 Eßl. Soyasauce
7 Eßl. Sesamöl
7 Eßl. Reiswein
6 Eßl. brauner Zucker
200 ml Fleischbrühe aus Würfeln
Pfeffer, Salz
Zahnstocher

Zubereitung
Die Rippchen beim Metzger in 4 cm breite Stücke hacken lassen. Fleischbrühe kurz aufkochen und erkalten lassen. Poreestange, Schnittlauch, Frühlingszwiebeln samt grünem Strang, Pfefferschoten und 10 Knoblauchzehen fein zerhacken und mit Sesamkörnern, Soyasauce und Sesamöl in die kalte Bouillon einrühren. Auf der Arbeitsplatte die Rippchen ausbreiten und von überflüssigem Fett befreien. Das Fleisch breitklopfen. Die Rippchen salzen, pfeffern, in eine Schüssel legen, mit dem Zucker bestreuen, mit dem Reiswein übergießen und ca. 10 Minuten ziehen lassen. Anschließend die würzige Marinade darübergeben, gut untermengen und mindestens 1-2 Stunden ziehen lassen. Zwischenzeit-

lich die verbleibenden Knoblauchzehen schälen. Die Gemüsezwiebeln pellen, die Zwiebeln in dicke Ringe schneiden. Beides separat auf Zahnstocher aufspießen. Das Fleisch und das Gemüse wird meist auf einem Grill unter mehrfachem Wenden gebraten. Man kann ersatzweise auch eine Pfanne benutzen, wobei ein Teil der Marinade als Bratenfond dient. Um das Fleisch besser mit den Stäbchen greifen zu können, wird es mit einer Schere in mundgerechte Stücke geschnitten und mit dem Knochen samt gegrilltem Knoblauch und Zwiebeln auf einem Teller serviert. Dazu reicht man eine Schale Reis.

Für 4 Personen
Zubereitungszeit: 15 Minuten
Marinierzeit: 1-2 Stunden

Fritiertes Rindfleisch in Sesamblättern
Soegogi Kkaennipmaritwigim

Die herzförmigen Blätter der Sesampflanze sind zart und hinterlassen auf dem Gaumen einen charakteristischen Geschmack.

Zutaten
300 g Rindergehacktes
1/2 Päckchen Bohnenquark (Tofu)
1 Ei
2 Frühlingszwiebeln
2 Pfefferschoten
4 Knoblauchzehen
10 Sesamblätter
1/2 Schlangengurke
1 Bund Petersilie
2 Eßl. Sesamöl
Pfeffer, Salz
Mehl
Zahnstocher
Öl zum Fritieren

Zubereitung
Den Bohnenquark in ein Trockentuch legen, diese zu einem Bündel drehen und die überschüssige Flüssigkeit ausdrücken. Das Gehackte mit Bohnenquark, zerkleinerten Frühlingszwiebeln, ausgepreßten Knoblauchzehen, fein zerhackten Pfefferschoten, Sesamöl, Salz und Pfeffer vermengen. Die Sesamblätter waschen und von der Innenseite mit Mehl bestäuben. Je einen Eßl. der Fleischfüllung auf der mehligen Innenseite des Blattes plazieren, am Stielende fest, aber behutsam aufrollen und mit einem Zahnstocher das lose Blattende feststecken. Das Öl in einem gußeisernen Topf erhitzen, falls vorhanden, einen Siebeinsatz einhängen (optimal wäre der Gebrauch einer Friteuse). Das Ei in einem Teller schaumig schlagen, die Sesamröllchen eintauchen, in Mehl leicht wenden und in dem heißen Öl frittieren, bis die Blätter knusprig werden.

Auf diese Art auch mit der Petersilie verfahren. Das Ausgebackene auf ein Gitterrost legen, damit das Fett abtropfen kann und die krosse Konsistenz erhalten bleibt. Die Fleischröllchen in der Mitte mit einem schrägen Schnitt halbieren und auf einem Teller kreisförmig anordnen. Das Arrangement mit Schlangengurkenscheiben umkränzen und mit Petersilie dekorieren.

Für 2 Personen
Zubereitungszeit: 20 Minuten

(*siehe Foto gegenüber S. 144*)

Gemüse-Fleisch-Spießchen
Soegogi Sanjok

Kleine Leckereien auf Spießchen, welche sich auch für eine Grillparty eignen.

Zutaten
500 g Rindfleisch
4 Poreestangen
6-7 Shiitake-Pilze (getrocknet)
2 Möhren
2 Schalotten
4 Knoblauchzehen
6 Eßl. Soyasauce
2 Eßl. Sesamöl
3 Eßl. Reiswein (oder Sherry)
2 Eßl. Zucker
2 Eßl. Sesamkörner
Pfeffer, Salz
Bambusspieße

Zubereitung
Die Shiitake-Pilze ca. 30 Minuten in warmem Wasser einweichen. Das Fleisch in ca. 7 cm lange und 2 cm breite Streifen schneiden. Die Poreestangen längs halbieren und in ca. 7 cm lange Stücke zerteilen. Die Möhren und die Pilze auf die gleiche Breite und Länge zuschneiden. Die Schalotten und Knoblauchzehen feinwürfelig zerhacken und mit den noch verbleibenden Zutaten zu einer Marinade verrühren. Den größten Teil dieser Flüssigkeit über das Fleisch gießen und ca. 30 Minuten ziehen lassen. Den Rest der Gewürztunke über das Gemüse geben, die marinierten Zutaten farblich abwechselnd auf den Spießen aufreihen und in einer Pfanne von beiden Seiten braten.

Für 4 Personen
Zubereitungszeit: 40 Minuten
Marinierzeit: 30 Minuten

Koreanische Frikadelle
Yuksanjuk Chunyua

Diese exotischen Frikadellen sind ein würziger Appetithappen.

Zutaten
125 g Rindergehacktes
125 g Schweinegehacktes
150 g Bohnenquark (Tofu)
8 Knoblauchzehen
2 Schalotten
2 Eier
1 Eßl. Sesamkörner
100 ml Sesamöl
3 Eßl. Mehl
Pfeffer, Salz

Zubereitung
Die Knoblauchzehen und Schalotten fein zerkleinern und mit dem Gehackten, dem zerbröselten Bohnenquark, 1 Eßl. Sesamöl, den Sesamkörnern und dem Mehl in einer Schüssel vermengen, mit Salz und Pfeffer würzen. Aus der Fleischmasse ca. 10-12 flache Frikadellen formen, diese zwischen Daumen und Zeigefinger legen und eine kleine Vertiefung eindrücken. Die Eier in einem tiefen Teller schaumig schlagen. Das Sesamöl in einer Bratpfanne erhitzen. Die Fleischpastetchen in das flüssige Ei tauchen und von beiden Seiten braun braten lassen.
Tip: Anstelle des Rinder- oder Schweinegehackten kann auch gehacktes Hühnchenfleisch verwendet werden.

Für 2 Personen
Zubereitungszeit: 10 Minuten

Gepreßtes Rindfleisch
Pyonyuk

Ein Fleischgericht von mildem Geschmack und unkompliziert in der Zubereitung. Die aufgeschnittenen und mit Sauce getränkten Scheiben können kurz vor dem Servieren auch im Backofen erwärmt werden.

Zutaten
1 kg mageres Rindfleisch
1 Zwiebel
1 Möhre
7 Knoblauchzehen
6 Pigmentkörner
1 Poreestange
3 Eßl. Soyasauce
1 Schalotte
1 Eßl. Sesamöl
1 Eßl. Sesamkörner
Pfeffer, Salz

Zubereitung
1 l Wasser in einem Kochtopf zusammen mit der grob zerkleinerten Zwiebel, Möhre, Poreestange, 4 Knoblauchzehen und Soyasauce zum Kochen bringen. Das Rindfleisch hinzugeben, nach kurzer Zeit salzen und zugedeckt ca. 1 1/2 Stunden kochen lassen, bis das Fleisch zart ist und die Flüsssigkeit sich auf ca. 250 ml reduziert hat. Sollte noch zuviel von der Brühe vorhanden sein, das Fleisch bereits herausnehmen und die Flüssigkeit ohne Deckel weiter einkochen lassen. Dieser Rest ist die Basis für die Sauce.
Das Fleisch in ein Küchen- bzw. Trockentuch wickeln, auf eine Platte legen und mit einem großflächigen Gewicht beschweren. Wenn das Fleisch nach mindestens 1 Stunde fest und erkaltet ist, mit einem scharfen Messer in dünne Scheiben schneiden. Auf einer Platte Salatblätter ausbreiten und die Rindfleischscheiben aneinanderlegen. Die restliche Brühe mit der fein gehackten Schalotte, 3 gepreßten Knoblauchzehen, Se-

samöl, 1 Eßl. Soyasauce, den Sesamkörnern sowie Salz und Pfeffer verrühren und bei leichter Hitze ca. 5 Minuten köcheln, danach erkalten lassen. Die Sauce kann über die Fleischscheiben gleichmäßig mit einem Eßlöffel verteilt, oder separat in einem Schälchen serviert werden.

Vorschlag für eine andere Sauce:
5 Eßl. Soyasauce
2 Eßl. Essig
2 Eßl. fein gehackte Frühlingszwiebel
1 gehackte Knoblauchzehe
1 Eßl. Sesamkörner
Pfeffer, Salz

Zubereitung entsprechend wie im obigen Rezept.

Für 4 Personen
Zubereitungszeit: 20 Minuten
Garzeit: 1 1/2 Stunden
Ruhezeit: 1 Stunde

(*siehe Foto gegenüber S. 64*)

Fleischgerichte vom Schwein

Hackfleischplätzchen
Tonjon

Dieses Gericht ist ein attraktives Partygericht.

Zutaten
500 g Schweinegehacktes
250 g Bohnenquark (Tofu)
1 Gemüsezwiebel
1 Poreestange
4 Knoblauchzehen
250 g Kimchi (Konserve oder Eigenherstellung/ →*Kimchi-Rezepte*) oder gehackte Soyabohnensprossen
2 Eßl. Kochuchang (Paprikapaste)
1 Teel. Ingwerwurzel
2 Eßl. Sesamöl
2 Eier
Maismehl
Petersilie
Pfeffer, Salz

Zubereitung
Den Bohnenquark in ein Trockentuch legen, die vier Tuchenden in der Mitte zu einem Bündel drehen und das Wasser ausdrücken. Die Flüssigkeit des Kimchi abschütten. Die Zwiebel, die Poreestange, die Knoblauchzehen, den Ingwer und das Kimchi zerhacken, mit dem Schweinegehackten, dem Tofu, dem Kochuchang und dem Sesamöl in einer Schüssel zu einem geschmeidigen Fleischteig vermengen, mit Salz und Pfeffer nach Belieben abschmecken. Die Eier in einem tiefen Teller schaumig schlagen. Die Hände mit Sesamöl befeuchten und aus der

Foto:
Gepreßtes Rindfleisch
Rezept siehe Seite 62

Fleischmasse kleine flache, runde Plätzchen formen. Diese in Mehl wenden, in die Eiflüssigkeit eintauchen und in einer Pfanne beidseitig goldbraun braten. Die fertigen Fleischplätzchen auf einem Teller pyramidenförmig aufeinanderlegen und mit etwas Petersilie verzieren.

Für 3-4 Personen
Zubereitungszeit: 20 Minuten

Schweinerippchen in süßer Sauce
Chaekalbi Chim

Zutaten
1 kg Schweinerippchen
5 Schalotten
5 große Pfefferschoten
1 Gemüsezwiebel
2 Möhren
5-6 Knoblauchzehen
Mehl
Öl zum Fritieren

Zubereitung
Vorab die süße Sauce zubereiten (W *Saucen*). Die Rippchen beim Metzger in ca. 4 cm breite Stücke hacken lassen, das überflüssige Fett abtrennen. Wasser in einem Topf erhitzen und die Rippchen ca. 30-35 Minuten kochen lassen. Danach das Wasser abschütten. Eine Marinade aus gehackten Schalotten, Knoblauch, 2 Eßl. Sesamöl, 4 Eßl. Soyasauce, 1 Eßl. Zucker anrühren und über die Rippchen geben. Während der 10minütigen Marinierzeit die Gemüsezwiebel, Pfefferschoten und die Möhren grob zerkleinern und in einer Pfanne kurz in Öl anbraten. Die marinierten Rippchen in Mehl wälzen und in heißem Öl fritieren. Fritierte Rippchen und das Gemüse in einen Kochtopf geben, mit der süßen Sauce übergießen und einige Minuten köcheln lassen, dann sofort servieren.

Für 2-3 Personen
Zubereitungszeit: 15 Minuten
Marinierzeit: 10 Minuten
Kochzeit: 30-40 Minuten

Schweinerippchen in Kochuchang
Chaekalbi Kochuchangkui

Wenn man Koreanern zuschaut, wie elegant sie die Rippchen mit Hilfe der Stäbchen essen, ohne, wie in unseren Regionen, die Finger zu benutzen, kann man diese Geschicklichkeit nur bewundern. Versuchen sie es doch einmal!

Zutaten
1 kg Schweinerippchen
1 Poreestange
6 Schalotten
8 Knoblauchzehen
6 Eßl. Kochuchang (Paprikapaste)
4 Eßl. Soyasauce
4 Eßl. Sesamöl
2 Eßl. Sesamkörner
3 Eßl. Zucker
1 Teel. Chilipulver (scharf)
1/2 Teel. schwarzer Pfeffer
1 Eßl. Ingwersaft
Salz

Zubereitung
Die Rippchen beim Metzger in 4 cm lange Stücke hacken lassen, anschließend das überflüssige Fett und die Sehnen entfernen. Die Schalotten, die Poreestange und die Knoblauchzehen fein zerkleinern und mit den restlichen Zutaten zu einer Marinade verrühren. Die Rippchen mit der Würztunke bestreichen, in einer Schüssel übereinanderschichten, mit der verbleibenden Flüssigkeit übergießen und mindestens 2 Stunden ziehen lassen. Während des Grillvorgangs sollten die Rippchen mit der Marinade nochmals beträufelt werden. Gleiches gilt, wenn man sie in einer mit Öl erhitzten Pfanne brät.

Für 2-4 Personen
Zubereitungszeit: 15 Minuten
Marinierzeit: 2 Stunden

Pfannengerührtes Schweinefleisch mit Gemüse
Twaejigogi Yachaebokkum

Bei diesem pfannengerührten Gericht werden Zutaten von unterschiedlicher Garzeit verwendet. Daher werden sie nacheinander im Wok gegart und erst zum Schluß zusammengemischt.

Zutaten
500 g Schweinefleisch
300 g Möhren
1 Dose Bambuswurzeln
7-8 Shiitake-Pilze (getrocknet)
1 Gemüsezwiebel
1 Schlangengurke
2 Frühlingszwiebeln
10 Wachteleier
6 Eßl. Soyasauce
3 Eßl. Sesamöl
5 Knoblauchzehen
1 Eßl. Ingwersaft
2 Eßl. Zucker
250 ml Fleischbrühe aus Würfeln
Mehl
Pfeffer, Salz

Zubereitung
Die Shiitake-Pilze ca. 30 Minuten in warmem Wasser einweichen. Das Schweinefleisch gegen die Faser in hauchdünne Scheiben von 3x5 cm Größe schneiden, gründlich mit Pfeffer und Salz einreiben und mit 1 1/2 Eßl. Mehl bestäuben. Die Wachteleier ca. 7 Minuten kochen lassen, unter kaltem Wasser abschrecken und pellen. Die Möhren, die Bambuswurzeln und die Schlangengurke längsseits halbieren, erstere und zweitere der Länge nach, letztere quer in Scheiben schneiden. Die Gemüsezwiebel grob zerkleinern. Die Pilzhüte in Streifen zerteilen.
Öl in einer Pfanne erhitzen und die zurechtgeschnittenen Möhren und

Bambuswurzeln samt den gekochten Wachteleiern hineingeben. Nach ca. 5 Minuten den Pfanneninhalt auf einen Teller geben. Die Pfanne erneut ölen, zerkleinerten Knoblauch und die Frühlingszwiebeln leicht anrösten, das Fleisch hinzufügen und von allen Seiten leicht bräunen. Die Pilze mit Soyasauce, einer Prise Salz, Zucker und dem Ingwersaft verrühren und mit dem angebratenen Gemüse zum Fleisch geben. Nach 2-3minütigem Bratvorgang alles mit der Brühe ablöschen. Bei geringer Hitze die Flüssigkeit etwas einkochen lassen. 1 Eßl. Mehl mit 125 ml Wasser verrühren. 3-4 Eßl. dieser Flüssigkeit über den Pfanneninhalt geben. Zum Schluß die Schlangengurkenscheiben hinzugeben und das Ganze mit 3 Eßl. Sesamöl begießen.

Für 4 Personen
Zubereitungszeit: 45 Minuten

Pfannengerührtes Schweinefleisch mit Kimchi
Twaejigogi Kimchibokkum

Fast alle Fleischarten, die pfannengerührt, gedämpft oder fritiert werden sollen, läßt man zuvor in einer Marinade ziehen. Bei diesem Gericht regen Kimchi, Pfefferschoten und die scharfe Kochuchang-Paste die Durchblutung an.

Zutaten
300 g Schweinefleisch
300 g Kimchi (selbstgemacht oder aus der Dose)
5 Pfefferschoten (rot/grün)
1 Gemüsezwiebel
2 Frühlingszwiebeln
1 Poreestange
1 Paprika (grün)
4 Knoblauchzehen
2 Eßl. Sesamöl
4 Eßl. Soyasauce
3 Eßl. Kochuchang (Paprikapaste)
1 Eßl. Zucker
1 Eßl. Sesamkörner
Pfeffer, Salz

Zubereitung
Das Schweinefleisch in flache, mundgerechte Stücke schneiden. Die Frühlingszwiebeln, den Knoblauch und den Poree fein zerhacken und mit Sesamöl, Soyasauce, Kochuchang, Zucker und Sesamkörnern in einer Schale verrühren. Diese würzige Tunke über die Fleischstücke geben und etwa 30 Minuten ruhen lassen. Zwischenzeitlich die Flüssigkeit des Kimchi abschütten und diesen in Stücke zerkleinern. Die Pfefferschoten längs halbieren, die Samenkörner ausschaben und das Fruchtfleisch in dünne Längsstreifen schneiden. In derselben Weise mit der Paprikaschote und der Zwiebel verfahren.
Öl im Wok oder in einer Pfanne erhitzen, das Schweinefleisch anbra-

ten, dann das Gemüse hinzufügen und mit Pfeffer abschmecken. Nach ca. 10-15minütigem Bratvorgang bei mittlerer Hitze ist das Gericht servierfertig. Dazu kann man Reis und in Soyasauce gebratenen Tofu reichen.

Für 2-3 Personen
Zubereitungszeit: 15 Minuten

Pfannengerührtes Schweinefleisch mit Chinakohl
Pochou Bokum

Der Geschmack von gebratenem Chinakohl ähnelt dem von Spinat, jedoch läßt sich darüber hinaus ein nußartiger Geschmack am Gaumen verspüren. Dieses Gericht kann warm und kalt serviert werden.

Zutaten
350 g mageres Schweinefleisch
1/2 mittelgroßer Chinakohl (oder Wirsing)
4 große, rote Pfefferschoten
1 Bund Schnittlauch
75 ml Soyasauce
3-4 Eßl. Sesamöl
2 Eßl. Sesamkörner

Zubereitung
Das Fleisch in streichholzartige Stücke von ca. 5 cm Länge schneiden. Das harte Mittelstück des Kohls an der Unterseite heraustrennen, die einzelnen Blätter waschen, säubern und in ca. 5 cm lange und 3 cm dicke Streifen zerteilen. Die Pfefferschoten längs aufritzen, die Samenkörner entfernen und das Fruchtfleisch gegen den Strich in Scheiben zerschneiden. Den Schnittlauch hacken. Das Sesamöl in einer Bratpfanne erhitzen und das Fleisch anbraten. Nach ca. 5 Minuten den Chinakohl, die Pfefferschoten und den Schnittlauch hinzugeben und unter mehrfachem Rühren garen lassen. Wenn die Kohlblattstreifen leicht welk auszusehen beginnen, die Soyasauce und 1-2 Eßl. Sesamöl zugeben, alles mehrmals umrühren und von der Herdplatte nehmen. Das Fleisch-Gemüsegericht in einem tiefen Teller anrichten und mit den Sesamkörnern bestreuen.

Für 1-2 Personen
Zubereitungszeit: 25 Minuten

Fleischgerichte vom Huhn

Geschmortes Hähnchen mit Gemüse
Dak Bokum

Leicht in der Zubereitung und mild im Geschmack ist dieses feine Hähnchengericht.

Zutaten
1 Hähnchen (1-1,2 kg)
2 Möhren
1 Gemüsezwiebel
150 g Champignons
10 Pfefferschoten
4 Knoblauchzehen
4 Eßl. Soyasauce
2 Eßl. Sesamöl
1 Eßl. Sesamkörner
1 Teel. frische Ingwerwurzel (oder Ingwerpulver)
1/2 Eßl. Maismehl

Zubereitung
Das Hähnchen waschen, säubern und quer zu den Knochen in 12-15 mundgerechte Bissen hacken. Die Champignons putzen, mit der Gemüsezwiebel, den Möhren, den Pfefferschoten und den Knoblauchzehen in Scheibchen schneiden. Soyasauce, Sesamöl, Sesamkörner und zerkleinerten Ingwer in einer Schale verrühren. Pflanzenöl in einer Pfanne erhitzen, die Knoblauchscheiben anbräunen und die Hähnchenstücke bei hoher Temperatur 5 Minuten anbraten. Die Pfanne mit einem Deckel verschließen und alles weitere 5 Minuten bräunen lassen. Mit 350-400 ml Wasser ablöschen, das Gemüse und die Sauce hinzufügen, zugedeckt 30-35 Minuten leicht köcheln lassen und gelegentlich um-

rühren. Das Maismehl mit einer halben Tasse Wasser verrühren, über das Gericht geben, eindicken lassen und servieren.

Für 2-3 Personen
Zubereitungszeit: 18 Minuten
Garzeit: 45 Minuten

Hähnchen in Soyasauce
Dak Chorim

Zutaten
1 Hähnchen (ca. 1 kg)
200 g Kartoffeln
4 Möhren
3 Zwiebeln
3 Knoblauchzehen
9 Eßl. Soyasauce
2 Eßl. Sesamöl
1 Teel. Ingwersaft (oder Ingwerpulver)
3 Eßl. Zucker
400 ml Fleischbrühe aus Würfeln
Mehl

Zubereitung
Das Hähnchen halbieren, in ca. 12-15 mundgerechte Bissen zerteilen und leicht in Mehl wälzen. Die Kartoffeln und die Möhren waschen, schälen und in grobe Stücke schneiden, die Zwiebeln abziehen und vierteln. Die Brühe mit gepreßtem Knoblauch, Soyasauce, Sesamöl, Ingwersaft und Zucker in einer Schale verrühren. Pflanzenöl in einer Pfanne oder Kasserolle rauchheiß erhitzen. Die Hähnchenstücke bei höchster Temperatur ca. 4-5 Minuten unter ständigem raschem Wenden knusprig anbraten. Mit der würzigen Brühe ablöschen, Gemüse hinzufügen und abgedeckt ca. 20-25 Minuten bei milder Hitze köcheln lassen, bis die Flüssigkeit fast eingekocht ist. Um ein Anbrennen der Zutaten zu vermeiden, einfach ein wenig Wasser oder Brühe nachfüllen.

Für 2 Personen
Zubereitungszeit: 15 Minuten
Garzeit: 30 Minuten

Hähnchenstreifen in Kochuchang
Dak Kui

Eine exotisch-pikante Art und Weise, ein Hähnchen zuzubereiten, bietet sich mit diesem Rezept.

Zutaten
600 g Hähnchenbrustfilet (oder Putenfilet)
3 Möhren
2 Poreestangen
3 Eßl. Kochuchang (Paprikapaste)
6 Knoblauchzehen
4 Eßl. Soyasauce
1 Eßl. Sesamöl
2 Eßl. Sesamkörner
1 Eßl. Zucker
1 Teel. Ingwersaft (oder 1 Teel. Ingwerpulver)
Pfeffer

Zubereitung
Das Fleisch schräg in dünne Streifen von ca. 5-8 cm Länge und 1 cm Breite schneiden. Eine Beize aus Kochuchang, gepreßten Knoblauchzehen, Soyasauce, Sesamöl, Sesamkörnern, Zucker und Ingwersaft anrühren, die Hähnchenstreifen damit übergießen und mindestens 30 Minuten marinieren lassen. Zwischenzeitlich die Möhren in Stifte von ca. 5 cm Länge, die Poreestange in fingerdicke Röllchen teilen. Das zubereitete Gemüse unter das Fleisch mengen. Öl im Wok oder einer Pfanne erhitzen, die rohen Zutaten auf dem Boden ausbreiten und bei mittlerer Hitze unter Rühren ca. 8 Minuten braten. Das Fleisch darf nicht zu trocken und faserig werden. Dazu wird Reis serviert.

Für 3-4 Personen
Zubereitungszeit: 20 Minuten
Marinierzeit: 30 Minuten

Gebratene Hähnchenplätzchen
Takkogi Sopsanjok

Diese gebratenen Plätzchen aus Geflügelfleisch erfreuen sich bei Schülern und Studenten großer Beliebtheit. Sie sind leicht in der Frühstücksdose zu transportieren und schmecken auch kalt noch gut.

Zutaten
600 g Hähnchenbrust
1 Poreestange
2 Schalotten
5 Knoblauchzehen
1 Teel. Ingwerpulver
2 Eßl. Sesamkörner
3 Eßl. Soyasauce
1 Eßl. Sesamöl
1 Eßl. Zucker
1 Eßl. Maismehl
Pfeffer, Salz

Zubereitung
Das Hähnchenfleisch mit einem rasierklingenscharfen Messer fein hacken und mit Maismehl bestäuben. Poreestange, Schalotten und Knoblauchzehen zerkleinern. Aus den restlichen Zutaten eine Würztunke anrühren. Alles in einer Schüssel zu einer einheitlichen Fleischpaste vermengen. Öl in einer Pfanne erhitzen. Aus je 2 Eßl. der würzigen Hähnchenmasse flache, runde Plätzchen formen und von beiden Seiten goldbraun braten.

Für 2-3 Personen
Zubereitungszeit: 20 Minuten

Hähnchenleber mit Gemüse
Tangnaejangbokkum

Ein Gericht voller Aroma. Die Leber darf nicht zu lange und bei zu hoher Temperatur gebraten werden, da sie sonst ihre pralle und saftige Konsistenz einbüßt.

Zutaten
300 g Hähnchenleber
50 g Shiitake-Pilze (getrocknet)
2 Paprikaschoten (rot und grün)
1 Dose Bambuswurzeln
1 Zwiebel
3 Knoblauchzehen
3 Eßl. Reiswein (oder Sherry)
3 Eßl. Soyasauce
1 Eßl. Sesamöl
50 ml Fleischbrühe aus Würfeln
Maismehl (oder Mondamin-Soßenbinder)

Zubereitung
Die Shiitake-Pilze in lauwarmem Wasser ca. 30 Minuten einweichen, dann die Stiele entfernen und die Hüte in feine Streifen schneiden. Die Leber waschen, mit Küchenkrepp trockentupfen, säubern, in kleine Würfel zerteilen und mit etwas Maismehl bestreuen. Die Paprikaschoten halbieren, Kerne und helle Scheidewände entfernen und das Fruchtfleisch kleinwürfelig hacken. Die Zwiebeln sechsteln. Die Bambuswurzeln in Längsscheiben schneiden. Aus den gepreßten Knoblauchzehen und den verbleibenden Zutaten eine Würztunke anrühren. Öl in einer Pfanne erhitzen und auf starkem Feuer die Hähnchenleber maximal 2 Minuten unter Rühren braten, dann herausnehmen und warmstellen.
Erneut Öl erhitzen, Zwiebeln, Paprikaschoten und Pilze in die Pfanne geben, mit der Würztunke angießen, 2 Minuten pfannenrühren und dann die Leber mit den Bambuswurzeln hinzufügen. 1 Teel. Maismehl mit ei-

ner Tasse Wasser verrühren, in die Pfanne geben und alles sorgsam mischen. Sobald die Sauce gebunden ist, wird das Gericht mit Reis serviert.

Für 2 Personen
Zubereitungszeit: 5-10 Minuten
Quellzeit Pilze: 30 Minuten

Fischgerichte

Gegrillte Seezunge
Saengsun Kochuchang Kui

Für dieses Gericht sind Lachs, Thunfisch oder Seebarsch exzellente Alternativen zur Seezunge.

Zutaten
8 Seezungenfilets (je ca. 50 g)
4 Schalotten
5 Knoblauchzehen
2 Eßl. Kochuchang (Paprikapaste)
2 Eßl. Soyasauce
2 Eßl. Sesamöl
1 Eßl. Sesamkörner
2 Teel. Zucker
Pfeffer

Zubereitung
Die Seezungenfilets waschen, mit Haushaltspapier trockentupfen, leicht pfeffern. Die Schalotten und den Knoblauch sehr fein hacken und mit den verbleibenden Zutaten in einer Schüssel verrühren. Die Filets darin 10 Minuten einlegen, so daß sie von beiden Seiten mit der Sauce überzogen sind. Den Fisch maximal 3 Minuten von jeder Seite bei milder Hitze grillen, zwischenzeitlich mit der restlichen Paste bestreichen. Die angegebene Grillzeit sollte nicht überschritten werden, da die Seezunge sonst auseinanderfällt und ihren Eigengeschmack einbüßt. Dazu gekochten Reis reichen.

Für 2 Personen
Zubereitungszeit: 20 Minuten

Seezungen Sis Kebap
Saengsun Sanjuk Chunyua

Chunyua ist der Oberbegriff für alle Gerichte, die vor dem Fritieren in Ei getaucht werden. Man kann für dieses Rezept jedes Fischfilet verwenden oder auch mehrere Arten kombinieren.

Zutaten
250 g Seezungenfilet
1 Möhre
6 Schalotten
6 Knoblauchzehen
2-3 Eier
1 Eßl. Sesamkörner
Sesamöl
Mehl
Pfeffer, Salz
10-15 hölzerne Zahnstocher/Bambusspieße

Zubereitung
Die Filets in Stücke von 2 cm Breite und ca. 4-5 cm Länge schneiden. Die Schalotten pellen und vierteln, den Knoblauch feinwürfelig hacken. Die Möhre schaben, längs halbieren, in Längsstreifen schneiden, diese in etwa 4 cm lange Stücke teilen. Den Fisch und das Gemüse in eine Schüssel legen, mit Knoblauch, Salz, Pfeffer und Sesamkörnern bestreuen und mit 1-2 Eßl. Sesamöl beträufeln. Vorsichtig vermengen und 15 Minuten ziehen lassen. Die Eier in einem tiefen Teller aufschlagen. Auf einem Spieß in abwechselnder Reihenfolge den Fisch und das Gemüse aufreihen. Den Rest des Sesamöls in einer Pfanne rauchheiß erhitzen. Die Spieße in Mehl wenden, langsam durch die Eiflüssigkeit ziehen und knusprig goldgelb braten (ca. 5 Minuten). Die Bratzeit für den Fisch dauert etwas länger, damit auch das Gemüse gar wird. Auf einer Platte servieren, Reis und Soyasauce dazu reichen.

Für 2 Personen
Zubereitungszeit: 30 Minuten

Gebratener Tintenfisch
Nakji Bokkum

Zutaten
1 Tintenfisch
2 Gemüsezwiebeln
1 Möhre
1 Poreestange
6 Pfefferschoten (grün)
5 Knoblauchzehen
1 Teel. frischer Ingwer
4 Eßl. Kochuchang (Paprikapaste)
2 Eßl. Paprikapulver (scharf)
2 Eßl. Soyasauce
2 Eßl. Sesamöl
1 Eßl. Zucker
1 Eßl. Sesamkörner

Zubereitung
Den Tintenfisch (→ *Salate/Tintenfischsalat*) säubern, den Körpersack und die Fangarme in 4 cm lange Stücke schneiden, mit Salz einreiben und unter kaltem Wasser abspülen. Aus Kochuchang, gehacktem Ingwer, Paprikapulver, Soyasauce, Zucker und Sesamkörnern eine Paste zubereiten und den Tintenfisch damit überziehen. Die Pfefferschoten seitlich aufritzen, die Samenkörner auskratzen und das Fruchtfleisch 10 Minuten in Wasser legen, um den scharfen Geschmack zu mildern. Unterdessen die Gemüsezwiebeln grob würfeln, die Möhre in vier Längsstreifen teilen und diese in dünne Scheiben schneiden. Den Poree in Röllchen schneiden. Den Knoblauch grob hacken. In einer Pfanne Pflanzenöl erhitzen. Zuerst den Knoblauch, die Möhre und die Gemüsezwiebeln leicht andünsten, dann die würzigen Tintenfischstücke mit Poree und Pfefferschoten hinzufügen, mit Sesamöl aromatisieren und unter mehrfachem Rühren gar braten.

Für 2 Personen
Zubereitungszeit: 30-35 Minuten

Tintenfischeintopf
Nakjijongol

Tintenfisch, auch als „Krake" bekannt, ist in der koreanischen Küche eines der beliebtesten Meerestiere.

Zutaten
1 Tintenfisch
200 g Muscheln
250 g Blattspinat
2 Chinakohlblätter
1 Packung Bohnenquark (Tofu)
1 Gemüsezwiebel
5 Pfefferschoten (rot)
1 Poreestange
6 Shiitake-Pilze (getrocknet)
1 Bund Zwiebellauch
600 ml Fleischbrühe aus Würfeln
200 g Glasnudeln
4 Eßl. Kochuchang (Paprikapaste)
6 Knoblauchzehen
1 1/2 Eßl. Paprikapulver (scharf)
4 Eßl. Soyasauce
1 Eßl. Sesamöl
1 Eßl. Sesamkörner
2 Teel. Zucker

Zubereitung
Die Pilze ca. 30 Minuten in warmem Wasser einweichen. Den Tintenfisch ausnehmen (→ *Salate/Tintenfischsalat*), säubern, Körpersack und Fangarme in etwa 6 cm lange Stücke teilen. Eine Paste aus Kochuchang, gepreßten Knoblauchzehen, Paprikapulver, 2 Eßl. Soyasauce, 1 Teel. Zucker und Sesamkörnern anrühren und die Tintenfischstücke damit einreiben. Die Muscheln sehr gut unter fließendem Wasser abbürsten. Den Blattspinat und den Chinakohl in kaltem Wasser gründlich waschen.

In eine Schüssel geben, mit kochendem Wasser übergießen und 6 Minuten blanchieren. Dann abtropfen lassen. Den Spinat in einer Schale mit 2 Eßl. Soyasauce, Sesamöl und 1 Teel. Zucker würzen. Auf einer Bambusmatte (oder Backpapier) ein Kohlblatt ausbreiten, etwas Spinat längs über die Mitte verteilen, das Kohlblatt fest aufrollen und in 3 cm lange Stücke schneiden. Die Poreestange, Pfefferschoten und das Zwiebellauch waschen, die Pfefferschoten halbieren und die anderen Gemüsezutaten diagonal in 4 cm lange Stangen, und die Gemüsezwiebel in Ringe schneiden. Den Tofu längs teilen und würfeln. Alle vorbereiteten Zutaten im Wok oder einer tiefen, großen Pfanne arrangieren, mit Fleischbrühe auffüllen und schnell zum Kochen bringen. Die kurz zuvor in Wasser eingeweichten Glasnudeln hinzugeben, alles 2-3 Minuten köcheln lassen und mit einer Schale Reis servieren.

Für 2 Personen
Zubereitungszeit: 45 Minuten

Gefüllter Tintenfisch
Ojingosundae

Zutaten
1 Tintenfisch (frisch oder tiefgefroren)
1 Möhre
2 Shiitake-Pilze (getrocknet)
1 Packung Bohnenquark (Tofu), ca. 250 g
50 g Nudeln
1/2 Teel. frische Ingwerwurzel
1 Teel. Zucker
1 Eßl. Soyasauce
250 ml Fischfond

Zubereitung
Die Pilze in warmem Wasser ca. 30 Minuten einweichen, abtropfen lassen und die Stiele entfernen. Die Nudeln kochen, unter kaltem Wasser abschrecken, abtropfen lassen und in einer Schale aufbewahren. Möhre und Pilzhüte feinwürfelig zerkleinern und mit zerbröseltem Tofu, Nudeln, gehacktem Ingwer, Zucker und Soyasauce in einer Schüssel mit einer Gabel vermengen.
Den Tintenfisch säubern (→ *Salate/Tintenfischsalat*). Die abgetrennten Fangarme sehr fein zerschneiden und mit der vorbereiteten Tofumasse vermischen. Den Körpersack des Tintenfisches mit der Füllung stopfen, das offene Ende mit Spießen, Klammern oder Garn verschließen. Im Siebeinsatz eines Schnellkochtopfes ca. 30 Minuten dämpfen. Zwischenzeitlich den Fischfond in einem Kochtopf erhitzen und den gedämpften Fisch weitere 5-8 Minuten in der Brühe köcheln lassen. Vor dem Servieren die Klammern oder das Garn entfernen und den Fisch mit einem scharfen Messer in 1 cm dicke Scheiben aufschneiden.

Für 2 Personen
Zubereitungszeit: 35 Minuten
Garzeit: 35 Minuten

Gebratene Anchovis
Myolchibokkum

Anchovis werden in kleinen Mengen als eine von einer Anzahl Beilagen zum Aperitif oder Bier gegessen. Da sie von salzigem Geschmack sind, dürfte nach ihrem Genuß die Kehle besonderen Durst verspüren.

Zutaten
100 g getrocknete kleine Sardellen
6 Pfefferschoten (grün)
4 Knoblauchzehen
4 Eßl. Soyasauce
1 Eßl. Sesamöl
2 Eßl. Reiswein
1 Teel. Kochuchang (Paprikapaste)
3 Teel. Zucker
1 Eßl. Sesamkörner
5-6 Eßl. Pflanzenöl

Zubereitung
Die getrockneten Anchovis waschen, Köpfe entfernen und gut abtropfen lassen. Die Pfefferschoten der Länge nach halbieren und in feine Streifen schneiden. Die Knoblauchzehen grob zerhacken. Das Pflanzenöl in einer Pfanne erhitzen, die Anchovis und die Knoblauchstücke unter Rühren 3 Minuten anbraten. Die restlichen Zutaten hinzufügen, gut untermischen und weitere 3 Minuten garen lassen.

Für 2 Personen
Zubereitungszeit: 15-20 Minuten

Gefüllte Jacobsmuscheln

Zutaten
8 Jacobsmuscheln in der Schale
100 g Rindergehacktes
1/2 Packung Bohnenquark (Tofu)
2 Schalotten
3 Knoblauchzehen
1 Teel. Paprikapulver (scharf)
1/2 Teel. schwarzer Pfeffer
1 Eßl. Soyasauce
1 Eßl. Sesamöl
1/2 Teel. Essig
1 Teel. Sesamkörner
1/2 Bund Petersilie
3 Eier

Zubereitung
Die Muschelschalen unter kaltem Wasser sauber bürsten und in kochendem Wasser abbrühen. Das Fleisch der Jakobsmuscheln fein zerhacken. Die Innenflächen der Schalen reinigen und beiseite legen. Das Muschelfleisch mit dem Rindergehackten, zerbröseltem Tofu, gehackten Schalotten, gepreßten Knoblauchzehen, einem Ei, Paprikapulver, Soyasauce, Sesamöl, Essig und den Sesamkörnern in einer Schüssel zu einem einheitlichen Mus vermengen. Eiweiß und Eigelb der beiden noch verbleibenden Eier getrennt schaumig schlagen, separat in einer Pfanne zu dünnen Pfannkuchen backen und diese feinwürfelig zerkleinern. Die Muschelschalen mit der Masse füllen, auf die linke Hälfte obenauf die Eiweiß-, auf die rechte die Eigelbwürfelchen verteilen. Die Petersilie hacken und in der Mitte einen senkrecht verlaufenden Petersilienpfad legen. Die gefüllten Muschelschalen auf den Siebeinsatz eines Dampfkochtopfes legen und ca. 40 Minuten dämpfen lassen.

Für 2-3 Personen
Zubereitungszeit: 30 Minuten
Dämpfzeit: ca. 40 Minuten

Gefüllte Riesengarnelen
Daehagui

Im Vergleich zu vielen anderen Meeresfrüchten entfalten Garnelen einen köstlichen Eigengeschmack. Der intakt belassene Garnelenschwanz dient dem Speisenden in seiner natürlichen Form als „Griff", um die Garnele problemlos zum Mund zu führen.

Zutaten
600 g ungeschälte Riesengarnelen
150 g Tatar (oder Rindergehacktes)
1/2 Packung Bohnenquark (Tofu)
4 Knoblauchzehen
2 Frühlingszwiebeln
1 Eßl. Sesamöl
1 Teel. Zucker
2 Eßl. Pinienkerne
1 Stück Rettich
Pfeffer, Salz

Zubereitung
Den Backofen auf 200 °C vorheizen. Eine süße Soyasauce zubereiten (→ *Saucen*). Während diese zu einer dickflüssigen Konsistenz einkocht, Kopf und Beine der Garnelen entfernen, ohne dabei das Schwanzende zu beschädigen. Die geschälten Garnelen vom Schwanzende her (das weiterhin samt Schale unversehrt bleiben muß), der Innenkrümmung folgend, längs mittendurch aufschlitzen (nicht durchtrennen), so daß sich die Hälften wie Flügel auseinanderklappen lassen. Unter fließend kaltem Wasser vorsichtig waschen, abtropfen lassen und mit einer Prise Salz bestreuen.
Den Tofu in ein Trockentuch einbinden und die Flüssigkeit herausdrücken. Die Knoblauchzehen und die Frühlingszwiebeln sehr fein hacken. Tatar mit dem zerbröselten Tofu, den zerkleinerten Zutaten, Sesamöl, Zucker und 1/2 Teel. Pfeffer zu einer einheitlichen Masse vermengen. Daraus soviele ovale Klößchen formen wie Garnelen vorhan-

den sind. Die Garnelen auf ein gefettetes Backblech legen und je ein flaches Bällchen zwischen die Flügelhälften drücken, etwa 5 Minuten grillen, dann mit süßer Soysauce beträufeln und weitere 2 Minuten backen lassen. Diesen Vorgang wiederholen, wobei während der letzten Minuten die Garnelenköpfe mitgegrillt werden. Die fertigen Garnelen auf geraspeltem Rettich plazieren, mit fein zermahlenen Pinienkernen berieseln und die Garnelenköpfe dekorativ in der Mitte kreisförmig aneinanderlehnen. Zum Dippen kann der Rest der süßen Soyasauce oder jede andere Sauce (→ *Saucen*) gereicht werden.

Für 2 Personen
Zubereitungszeit: 40 Minuten
Grillzeit: 10 Minuten

Shrimps-Omelett
Saiwualssam

Zutaten
150 g geschälte Shrimps
2-3 Eier
4 Schalotten
4 Knoblauchzehen
Sesamöl
Pfeffer, Salz

Zubereitung
Die Shrimps fein hacken. Knoblauchzehen und Schalotten pellen und zerkleinern. Die Eier in einer Schüssel verquirlen. In einer Pfanne 3 Eßl. Sesamöl erhitzen, Knoblauch und Schalotten anschwitzen, Shrimps hinzufügen und mit Pfeffer und Salz würzen. Nach 3 Minuten Garzeit das Pfannengerührte mit der Eiflüssigkeit in der Schüssel vermengen. Sesamöl erhitzen, die Shrimps-Eimasse hineingießen und bei leichter Hitze 10 Minuten stocken lassen. Die Pfanne dabei hin und wieder rütteln, damit das Omelett nicht anbackt. Den fertigen Pfannkuchen auf ein Holzbrett gleiten lassen und mit Reis und Soyasauce zum Eintauchen servieren.

Für 1 Person
Zubereitungszeit: 25 Minuten

Garnelen und Schweinefleisch (süß-sauer)
Daehapchim

Garnelen und Schweinefleisch schmecken hervorragend zusammen in einer köstlichen süß-sauren Sauce. Die Garnelen können auch durch Shrimps ersetzt werden.

Zutaten
8 Riesengarnelen
500 g Herzmuscheln in der Schale (oder 250 g Muschelfleisch aus dem Glas)
250 g zartes Schweinefleisch
6 Shiitake-Pilze (getrocknet)
8 Schalotten
1 Möhre
5 Knoblauchzehen
4 Eier
7 Eßl. Maismehl
Öl oder Fett zum Fritieren

Zubereitung
Vorab die süß-saure Sauce zubereiten (→ *Saucen*). Die Pilze 30 Minuten in warmem Wasser einlegen und dann ausdrücken. Die Schalotten pellen und mit den Pilzen vierteln, den Knoblauch hacken. Die Möhre waschen, schaben und grob stifteln. Köpfe und Beine der Garnelen entfernen, ohne dabei das Schwanzende zu beschädigen. Die geschälten Garnelen vom Schwanzende her, der Innenkrümmung folgend, 2mal längs mittendurch aufschlitzen (nicht vom Schwanz abtrennen!). Unter kaltem Wasser vorsichtig waschen und abtropfen lassen. Die Muscheln öffnen (beim Fischhändler möglich) und das Fleisch auslösen. Das Schweinefleisch in 1,5 cm breite und 4 cm lange, dünne Streifen schneiden.
Gemüse, Fisch und Fleisch in eine Schüssel geben, mit Maismehl vermischen, so daß Garnelen und Schweinefleisch beidseitig bedeckt sind. Die Eier schaumig schlagen, langsam in die Schüssel gleiten lassen und

untermengen. Das Öl (Fett) rauchheiß erhitzen und die in Ei gehüllten Zutaten portionsweise fritieren. Mit der Schaumkelle herausfischen, abtropfen und in der süß-sauren Sauce aufkochen lassen. Mit Reis servieren.

Für 3-4 Personen
Zubereitungszeit: 50 Minuten

Fritierte Fischhappen
Twikim Wanja

Da es bei einem koreanischen Mahl keine Vorspeisen gibt, kann man diese fritierten kleinen Köstlichkeiten als zusätzliche Happen reichen.

Zutaten
5 Prawns (Shrimps, Scampi, Riesengarnelen: ungeschält)
300 g Seeteufel (Lachsfilet oder Thunfisch)
1 Packung Bohnenquark (Tofu)
3-4 Eier
4 Eßl. Reiswein
120 g Mehl
Salz
helle und schwarze Sesamkörner
Öl bzw. Fett zum Fritieren

Zubereitung
Kopf und Beine der Prawns entfernen, ohne dabei das Schwanzende zu beschädigen. Die geschälten Prawns vom Schwanzende her, der Innenkrümmung folgend, längs mittendurch aufschlitzen und flachdrücken (nicht vom Schwanz abtrennen). Unter kaltem Wasser waschen, mit Küchenkrepp abtupfen, pfeffern und salzen. Den Seeteufel in 6 cm lange und 2 cm breite Schnitzel schneiden, leicht flachklopfen und mit Salz und Pfeffer würzen. Den Tofu in 6 gleich große Stücke teilen. Mehl mit 200 ml Wasser, Eiern, Reiswein und einer Prise Salz zu einem Backteig verrühren. Den Fisch und den Tofu darin eintauchen, in hellen oder schwarzen Sesamkörnern wenden und in heißem Fett ca. 4 Minuten goldgelb fritieren. Dazu eine Soyasauce reichen (→ *Saucen*).

Für 4 Personen
Zubereitungszeit: 25 Minuten

Fischhappen mit Gemüsestreifen
Saengson Yachaejon

Zutaten
500 g Schellfisch
150 g Shrimps (oder Krabben ohne Schalen)
10 Pfefferschoten (grün)
2 Möhren
50 g Shiitake-Pilze (getrocknet)
2 Frühlingszwiebeln
4 Knoblauchzehen
3 Eier
1 Teel. frischer Ingwer
2 Eßl. Reiswein
Sesamöl
Mehl
Pfeffer, Salz
Salatblätter zur Garnierung

Zubereitung
Die Shiitake-Pilze in lauwarmem Wasser 30 Minuten einweichen lassen. Den entgräteten Fisch abspülen, mit Haushaltspapier trockentupfen und mit den Shrimps sehr fein zu einem Mus zerkleinern. Die Frühlingszwiebeln, die Knoblauchzehen und den Ingwer feinwürfelig hacken und mit Reiswein, 1 Eßl. Sesamöl, 1 Prise Salz und 1/2 Teel. schwarzem Pfeffer unter den Fisch mengen. Aus je 1 gehäuften Eßl. der Fischmasse kleine rechteckige Plätzchen formen und diese auf ein bemehltes Holzbrett legen.
Die Pfefferschoten längs aufritzen und die Samenkörner auskratzen. Die Pilze säubern und die Stiele abtrennen. Das Gemüse in Längsstreifen schneiden, welche der Breite der Fischecken anzupassen sind, mit Salz bestreuen, 10 Minuten ziehen lassen, unter Wasser abspülen und mit 3 Eßl. Sesamöl vermischen.
In einem tiefen Teller die Eier schaumig aufschlagen. Die Fischplätzchen zuerst in Mehl wenden, dann in Ei tauchen. Auf ihrer Oberseite

in abwechselnder Reihenfolge die Gemüsestreifen leicht in die Fischmasse eindrücken. Jedes Rechteck nochmals leicht mit Mehl bestreuen, in Eigelb tauchen und sofort in einer mit Pflanzenöl vorgeheizten Pfanne beidseitig goldbraun braten. Große Salatblätter auf einer Geschirrplatte ausbreiten und die Fischhappen darauf aufreihen. Dazu wird eine Essig-Soyasauce (→ *Saucen*) gereicht.

Für 3-4 Personen
Zubereitungszeit: ca. 60 Minuten

Makrelenklößchen in Soyasauce
Kkongchiwanjajorim

Zutaten
2 Makrelen (je 200 g)
2 Zwiebeln
1 Möhre
6 Knoblauchzehen
1 Teel. frische Ingwerwurzel
1/2 Schlangengurke
7 Eßl. Soyasauce
2 Eßl. Reiswein (oder Sherry)
2 Eßl. Zucker
3 Teel. Paprikapulver (scharf)
3 Eßl. Paniermehl
2 Eier
1 Teel. Pfeffer
Salz
Öl oder Fett zum Fritieren
hölzerne Zahnstocher

Zubereitung
Die Makrelen ausnehmen, das Grätengerüst entfernen, innen und außen waschen, trockentupfen. Das Fleisch sehr fein zerkleinern. Möhre und Zwiebeln feinwürfelig zerschneiden, mit Salz bestreuen, 10 Minuten ziehen lassen, abspülen und das Restwasser ausdrücken. Knoblauchzehen und Ingwer hacken. In der Zwischenzeit in einer Pfanne 100 ml Wasser, 5 Eßl. Soyasauce, 2 Eßl. Reiswein, jeweils die Hälfte des Knoblauchs und des Ingwers, Paprikapulver und Zucker aufkochen lassen. Das Makrelenfleisch mit den Zwiebeln und Möhren sowie den Resten des Knoblauchs und des Ingwers, dem Pfeffer, einer Prise Salz, 2 Eßl. Soyasauce und dem Paniermehl zu einem einheitlichen Mus verkneten. Aus dieser Masse kleine Klöße formen. Die Schlangengurke längs halbieren, in breite Streifen und diese in 2 cm lange Stücke teilen. Das Öl im Fritiergerät erhitzen. Die Eier in einem tiefen Teller schaumig schla-

Foto:
Makrelenklößchen in Soyasauce
Rezept siehe Seite 96

gen. Die Bällchen zuerst in Mehl rollen, in Ei tauchen und im heißen Öl schwimmend goldgelb ausbacken. Die fritierten Makrelenklöße darin 3-4 Minuten braten, jeweils ein Stück Gurke und ein Bällchen aufspießen und servieren.

Für 2 Personen
Zubereitungszeit: ca. 45 Minuten

(*siehe Foto gegenüber S. 96*)

Gegrillte Makrele
Samchi sogumgui

Zutaten
2 Makrelen (mittelgroß)
1/2 Rettich
5 Eßl. Reiswein
3 Eßl. Soyasauce
1 Eßl. Sesamöl
1 Teel. Zucker
2 Schalotten
Salz

Zubereitung
Die Makrelen ausnehmen, kräftig abreiben und die Flossen entfernen. Die Fische in je 4 Stücke zerteilen, beidseitig mit einem tiefen Kreuzeinschnitt versehen und mit Salz bestreuen. Die Schalotten pellen, fein hacken und mit Reiswein, Soyasauce, Sesamöl und Zucker verrühren. Die Makrelen mit der Würztunke mehrfach bestreichen und 10 Minuten ziehen lassen. Dann auf den heißen Grill legen, weiterhin mit der Marinade beträufeln und umdrehen, wenn die dem Feuer ausgesetzten Hälften gar sind. Den Rettich raspeln, auf einer Platte ausbreiten und die Makrelenstücke darauf anrichten.

Für 2 Personen
Zubereitungszeit: 25 Minuten (ohne Grillen)

Gegrillte Forelle
Songogui

Für dieses Grillgericht eignen sich auch Merlan und Schellfisch.

Zutaten
2 Forellen
5 Eßl. Reiswein
2 Eßl. Soyasauce
1 Eßl. Zucker
1 Zitrone
Salz

Zubereitung
Die Forellen ausnehmen, den Kopf abtrennen, waschen und sorgfältig abtrocknen. Das Fischfleisch vom Grätengerüst lösen und in 4 Stücke zerlegen. Die Oberseite zweimal kreuzartig leicht einschneiden. Die Fischstücke beidseitig salzen und 10 Minuten ruhen lassen. Reiswein, Soyasauce und Zucker verrühren. Die Forelle damit bestreichen und von jeder Seite ca. 8 Minuten grillen, wobei der Fisch immer wieder mit der Reisweinsauce bepinselt werden soll. Die Zitrone in Scheiben aufschneiden, diese halbieren und die Forellenstücke damit auf einem Teller umkränzen.
Tip: Der Fisch darf zu Beginn des Grillens nicht einer zu heißen Temperatur ausgesetzt sein, da sonst die Oberfläche verbrennt und sofort eine Schutzhülle gegen Wärme bildet. Man kann die Grillstäbe mit Alufolie abdecken.

Für 2 Personen
Zubereitungszeit: ca. 25 Minuten (ohne Grillen)

Gegrillter Seefisch
Chogiyangnyomgui

Zutaten
1 Seefisch, ca. 1 kg (Seebarsch, Goldbarsch oder Merlan)
2 Frühlingszwiebeln
4 Knoblauchzehen
4 Eßl. Soyasauce
4 Eßl. Sesamöl
2 Eßl. Essig
1 Teel. Ingwersaft
3 Teel. Paprikapulver (scharf)
2 Teel. Zucker
Salatblätter zum Garnieren

Zubereitung
Den frischen Fisch schuppen, ausnehmen, säubern, unter kaltem Wasser gründlich waschen und mit Küchenkrepp trockentupfen. Beide Seiten des Fisches in Abständen von je 1 cm tief einschneiden. Die Frühlingszwiebeln und Knoblauchzehen feinwürfelig hacken. Mit den restlichen Zutaten eine Würztunke anrühren und den Fisch mit einem Teil der Flüssigkeit beträufeln. Den Grill heizen und ölen. Den Seefisch bei mittlerer Hitze unter mehrmaligem Wenden etwa 20-30 Minuten goldbraun grillen, wobei er nach jeweils 2 Minuten mit der Sauce bestrichen werden soll. Auf einem mit Salatblättern belegten Teller servieren.

Für 3-4 Personen
Zubereitungszeit: 10 Minuten
Grillzeit: ca. 20-30 Minuten

Gefüllte Fischfilets
Oson

Zutaten
6 Schellfischfilets
1 Bund Zwiebellauch
1 Möhre
5 Shiitake-Pilze (getrocknet)
2 Eier
1 Eßl. Soyasauce
2 Eßl. Sesamöl
1 Teel. Zucker
1 Teel. Pinienkerne
Maismehl
Pfeffer, Salz

Zubereitung
Die Pilze in warmen Wasser ca. 30 Minuten einweichen, leicht ausdrücken und die Stiele entfernen. Zwischenzeitlich die Fischfilets auf einer Arbeitsplatte auslegen, mit Salz und Pfeffer würzen. Zwiebellauch, Möhren und Pilzhüte waschen und in feine Streifen schneiden, der jeweiligen Breite des Fischfilets entsprechend. In einer Pfanne 1 Eßlöffel Sesamöl erhitzen, Möhren und Zwiebellauch separat anbraten und getrennt auf einen Teller legen. Danach die Pilzstreifen in 1 Eßlöffel Soyasauce, 1 Eßlöffel Sesamöl und 1 Teelöffel Zucker anbraten. Eigelb und Eiweiß getrennt schaumig schlagen und zu dünnen Pfannkuchen ausbacken. Diese nach dem Erkalten in Streifen schneiden. Die Innenseite der Fischfilets in Mehl drücken. Jeweils ein Paar Möhren-, Schnittlauch-, Pilz-, Eiweiß- und Eigelbstreifen quer zum Fischfilet legen und das Filet fest aufrollen. Den Siebeinsatz des Schnellkochtopfes mit einem feuchten Küchentuch auslegen und die gefüllten Fischrollen mit der Unterseite darauflegen und dämpfen. Abkühlen lassen und halbieren. Auf einem Teller geraspelten Kohl auslegen und die Rollen darauf anrich-

ten. Soyasauce, Essig und fein zerstoßene Pinienkerne verrühren und in einem Schälchen als Sauce zum Dippen servieren.

Für 2 Personen
Zubereitungszeit: 40 Minuten (ohne Dämpfen)

Bunte Rohfischplatte
Modumhoe

Roher Fisch ist eine wahre Delikatesse — nicht nur für Koreaner.

Zutaten
200 g Thunfischfilet
100 g Tintenfischfilet
200 g Lachsfilet
100 g Kabeljaufilet
6 Herzmuscheln
1 Teel. Wasabipaste
1 Nori-Algenblatt
1 Stück großer weißer Rettich

Zubereitung
Die Fischfilets unter kaltem Wasser abspülen und mit Küchenkrepp trockentupfen. Den Kabeljau in papierdünne Scheibchen schneiden. Lachs- und Thunfischfilets zuerst in Scheiben, anschließend in 2x3 cm große Stücke schneiden. Das Muschelfleisch aus den Schalen lösen und in dünne Streifen schneiden. Den Tintenfisch in Abständen von je 1 cm längs vorsichtig einritzen, wenden und das Algenblatt obenauf legen. Die Wasabipaste hauchdünn über das Algenblatt verteilen, mit dieser Seite beginnend, den Tintenfisch fest aufrollen und in mundgerechte Scheiben schneiden. Den Rettich raspeln und auf einem Teller ausbreiten. Die Tintenfischrollen pyramidenförmig aufeinanderschichten, Thunfisch- und Lachsscheiben dachziegelartig anordnen, die hauchdünnen Kabeljauscheiben in Blütenform legen. Die Muschelschalen leicht abbürsten, mit einer Lage Rettichraspeln auslegen und die Muschelstreifen darin anrichten. Dazu kann man Soyasauce für rohen Fisch oder Kochuchang-Sauce und eine Schale Reis auftragen (→ *Saucen*).

Für 2 Personen
Zubereitungszeit: 1 Stunde

Pochierte Goldbrasse
Domichongol

In Korea serviert man Goldbrasse nur zu festlichen Anlässen wie Geburtstagen, Hochzeiten oder rituellen Familienzusammentreffen.

Zutaten
1 Goldbrasse
200 g Tatar
200 g Champignons
1 Gemüsezwiebel
2 Möhren
2 Paprikaschoten (rot)
Reiswein
Fleischbrühe (Würfel)
8 Knoblauchzehen
6 Eßl. Soyasauce
2 Eßl. Sesamöl
3 Teel. Zucker
3 Teel. Paprikapulver (scharf)
3 Teel. Sesamkörner
Pfeffer, Salz

Zubereitung
Die Goldbrasse schuppen, ausnehmen, die Flossen stutzen, unter kaltem Wasser sowohl innen als auch außen gründlich waschen und mit Küchenkrepp trockentupfen. Vom Rückenteil beginnend beidseitig alle 2 cm einschneiden. Mit Pfeffer und Salz einreiben, die Einschnitte innen mit Mehl bestäuben und mit Reiswein beträufeln. Den Tatar mit 3 Eßl. Soyasauce, 1 Eßl. Sesamöl, 4 gepreßten Knoblauchzehen, 1 Teel. Zucker und Sesamkörnern vermengen. Die Einschnitte behutsam mit der würzigen Fleischmasse füllen. Die Champignons und die Möhre putzen, die Zwiebeln und restlichen Knoblauchzehen pellen, die Paprikaschoten halbieren und das Kerngehäuse entfernen. Champignons, Möhren und Knoblauch in Scheibchen, den Rest des Gemüses in streich-

holzdicke Streifen schneiden. Den Backofen auf 200 °C vorheizen. Eine feuerfeste Bratform (Auflaufform), die nach Möglichkeit den Maßen des Fisches entsprechen soll, buttern. Den Boden mit der Gemüseschicht auslegen und die gefüllte Goldbrasse darauflegen. Das Paprikapulver in die Fleischbrühe einrühren und den Fisch mit soviel Flüssigkeit angießen, daß er zu 1/3 bedeckt ist. Die Goldbrasse nochmals mit Reiswein beträufeln und in den vorgeheizten Ofen schieben. Etwa 25-30 Minuten garen und zwischenzeitlich mit dem Sud begießen. Den Fisch vorsichtig herausnehmen und auf einer länglichen tiefen Platte anrichten. Den Fischfond mit 1 Eßl. Sesamöl, 2 Teel. Zucker und 3 Eßl. Soyasauce verfeinern, aufkochen lassen und in separate Schälchen füllen. Fisch und Sauce heiß servieren.

Für 4 Personen
Zubereitungszeit: 25 Minuten
Garzeit: 25-30 Minuten

Gemüsegerichte

Gefüllte Pfefferschoten
Kochujon

Als Gemüse können sowohl grüne und rote Pfeffer-, als auch Paprikaschoten verwendet werden. Dieses Gericht eignet sich aufgrund seiner reichhaltigen Fleischfüllung auch als Hauptgericht.

Zutaten
15 grüne und rote Pfefferschoten (mittelgroß)
1 kleine Paprikaschote
250 g Rindergehacktes (oder Schweinegehacktes)
150 g Bohnenquark (Tofu)
1 große Zwiebel
4 Knoblauchzehen
1 Eßl. Soyasauce
1 Teel. Zucker
1 Eßl. Sesamöl
3 Eier
Mehl
Pfeffer, Salz

Zubereitung
Die Pfefferschoten längs in 2 Hälften schneiden und die Samenkörner entfernen. Die Schoten in leicht gesalzenes Wasser legen, damit die Schärfe etwas gemildert wird. In der Zwischenzeit das Gehackte mit dem zerbröselten Tofu, der fein gehackten Zwiebel, dem zerkleinerten Knoblauch, der Soyasauce und dem Sesamöl in einer Schüssel vermengen und mit Salz, Pfeffer und Zucker nach Belieben würzen. Die Pfefferschoten aus dem Wasser nehmen und mit einem Tuch abtrocknen. Die Innenseite der Schoten mit etwas Mehl bestreuen und mit dem

Gehackten füllen. Die Eier schaumig aufschlagen, die gefüllten Seiten der Schoten leicht in Mehl wälzen und danach in das flüssige Ei tauchen. In einer Pfanne ausreichend Öl erhitzen. Die gefüllten Pfefferschoten bei mittlerer Temperatur ca. 10 Minuten goldbraun anbraten. Bei der Verwendung von Paprikaschoten werden diese in ca. 1 cm dicke Ringe geschnitten, das Kerngehäuse wird entfernt. Die Paprikaringe mit der Fleischmasse füllen, beide Seiten in Mehl und Ei wenden, goldgelb braten und sofort servieren. Dazu wird Reis und Soyasauce gereicht.

Für 4 Personen
Zubereitungszeit: 40 Minuten

Gefüllte Pilze
Posotchon

Zutaten

350 g Shiitake-Pilze (getrocknet)
200 g Bohnenquark (Tofu)
100 g Rindergehacktes (Schweinegehacktes)
1 Zwiebel
3 Knoblauchzehen
1 Teel. Sesamkörner
1 Eßl. Sesamöl
1 Teel. Zucker
2-3 Eier
Mehl
Pfeffer, Salz

Zubereitung

Die Pilze in warmem Wasser ca. 30 Minuten aufweichen, sorgfältig putzen und waschen, die Stiele entfernen (letzere können für eine Suppe aufbewahrt werden). Den Bohnenquark mit einer Gabel zerkleinern, danach in ein Trockentuch legen und solange drücken, bis fast keine Flüssigkeit mehr abtropft. Das Fleisch mit dem Tofu, der zerhackten Zwiebel, den zerkleinerten Knoblauchzehen, einer Prise Salz und dem Sesamöl vermischen und je nach Geschmack mit Zucker, Salz und Pfeffer würzen. Die Innenseite der Pilzhüte mit etwas Mehl bestreuen und mit der Fleischmasse füllen. Zuerst werden die gefüllten Pilze in Mehl gewendet, dann in die aufgeschlagene Eiflüssigkeit getaucht. In einer mit Öl vorgeheizten Pfanne werden die Pilze ca. 10 Minuten von beiden Seiten unter vorsichtigem Wenden gebraten.
Für 2 Personen
Zubereitungszeit: 40 Minuten

Lotuswurzel in Soyasauce
Yonkunjorim

Dieses Gemüsegericht wird als Beilage gereicht oder eignet sich für ein Picknick. Gekochte Lotuswurzeln können etwa 1 Woche im Kühlschrank aufbewahrt werden.

Zutaten
400 g Lotuswurzel
150 g Rindfleisch
1 mittelgroße Zwiebel
150 ml Soyasauce
4 Eßl. brauner Zucker
5 Eßl. Reiswein
1 Eßl. Sesamöl
1 Eßl. Sesamkörner
Essig
Salz
evtl. Radieschenscheiben und Petersilie zum Garnieren

Zubereitung
Sollte kein frisches Lotusgemüse erhältlich sein, so können in Scheibenform getrocknete Lotuswurzeln verwendet werden. Diese müssen vor Beginn der Zubereitung mindestens 30 Minuten in Wasser aufgeweicht werden. Die frische Lotuswurzel sorgfältig reinigen, dabei die dünne Außenschicht kräftig abreiben, schaben und immer wieder das Wasser wechseln. Dann schälen und in ca. 5 mm dicke Scheiben schneiden. Diese in einem tiefen Teller übereinanderschichten, mit Essig übergießen und ca. 10 Minuten ziehen lassen. Anschließend mit einer Schöpfkelle in einen Topf mit kochendem Wasser gleiten lassen und 3 Eßlöffel Essig hinzugeben. Nach ca. 15 Minuten herausnehmen, abtropfen lassen und mit einem Messer in Blütenform trimmen (rund).
Das Rindfleisch in Streifen schneiden, die Zwiebel würfeln. Eine Marinade aus Soyasauce, Zucker, Reiswein und Salz mixen und über das Fleisch geben. Öl in einer Pfanne erhitzen, die Lotuswurzel hineinle-

gen, mit der Soyasauce übergießen und abdecken. Wenn die Flüssigkeit nach ca. 20 Minuten fast eingekocht ist, das Fleisch und die kleingehackte Zwiebel hinzugeben. Bei hoher Hitze ohne Deckel glasieren. Auf einem Teller dachziegelartig anrichten, am Rand mit Radieschenscheiben und Petersilie garnieren und mit gerösteten Sesamkörnern bestreuen.

Für 2 Personen
Zubereitungszeit: 50 Minuten

Mungbohnenpfannkuchen
Nokdoojon

Mungbohnenpfannkuchen sind einer der beliebtesten Snacks, wenn man Gäste zu einem Aperitif einlädt.

Zutaten
300 g Mungbohnen (getrocknet) oder getrocknete Soyabohnen
100 g Reis
300 g Schweinefleisch (mager)
1 Packung Kimchi
5 Frühlingszwiebeln
1 Poreestange
3 Eßl. Sesamkörner
1 Knolle Knoblauch
1 Teel. frischer Ingwer
Sesamöl
Tabasco
Salz
Öl oder Schweineschmalz

Zubereitung
Die Mungbohnen nach Packungsvorgabe in Wasser einweichen (10-12 Stunden). Das abgestandene Wasser abschütten und die Bohnen mit frischem Wasser bedecken. Die Bohnen zwischen den Händen hin- und herrubbeln, um die äußere Schale zu entfernen. Diesen Vorgang mehrfach wiederholen, bis sich die Schalen gelöst haben. Diese von der Wasseroberfläche abschöpfen, die Bohnen in ein Sieb schütten und abtropfen lassen. Den Reis ca. 1 Stunde in 500 ml Wasser quellen und anschließend abtropfen lassen. Die Mungbohnen und den Reis in einem Mixer zu einer Paste verarbeiten, nach und nach etwas Wasser hinzufügen, bis ein dickflüssiger Teig entstanden ist. Diesen mit einer Messerspitze Salz würzen. Das Fleisch in streichholzdicke Streifen schneiden, mit dem fein gehackten Knoblauch und Ingwer vermengen und mit etwas

Sesamöl in einer Pfanne anbraten. Die Frühlingszwiebeln, die Poreestangen und den Kimchi kleinschneiden und dünsten. Den Teig mit dem Fleisch, dem Gemüse, den Sesamkörnern und einige Spritzern Tabasco in eine Schüssel geben und gut vermengen. Jeweils Öl oder Schweineschmalz in der Bratpfanne erhitzen und den Teig samt Einlage portionsweise mit der Suppenkelle auffüllen, von beiden Seiten goldbraun backen und die Pfannküchlein auf einem Teller warmstellen.
Dazu wird Soyasauce als Dip gereicht.

Für 4 Personen
Zubereitungszeit: ca. 35 Minuten (ohne Braten)
Quellzeit der Bohnen: 10-12 Stunden (über Nacht)

Foto:
Gefüllter Chinakohl mit Bohnenquark
Rezept siehe Seite 124

Zwiebel-Schnittlauch-Pfannkuchen
Payon

Diese Pfannkuchen mit Zwiebel- und Schnittlauch und einer außergewöhnlichen Kombination von Muschel- und Schweinefleisch repräsentieren eine Pizzaversion auf koreanische Art.

Zutaten
3 Bund Schnittlauch
2 Bund Zwiebellauch
150 g Schweinefleisch
200 g Seemuschelfleisch (Glas)
75 g Reismehl
75 g Weizenmehl
4-5 Eier
Salz
Pflanzenöl

Zubereitung
Zwiebel- und Schnittlauch waschen und auf 5 cm lange Stücke trimmen, wobei das Zwiebellauch feinfaserig zerschnitten wird. Die Mehlsorten mit 400 ml Wasser, den schaumig geschlagenen Eiern und einer Prise Salz mit dem Schneebesen zu einem flüssigen Teig verrühren. Die Muscheln in ein Sieb schütten, abtropfen lassen und mit dem Schweinefleisch fein zerhacken. Pflanzenöl in einer Pfanne leicht erhitzen. Den Pfannenboden mit den Lauchstücken auslegen und mit mehreren Eßlöffeln Teigflüssigkeit langsam und gleichmäßig übergießen. Nun die Muschel- und Schweinefleischstückchen darüber verteilen und ca. 5 Minuten bei schwacher Hitze stocken lassen. Die Pfanne hin und wieder rütteln, damit der Teig nicht anbackt. Wenn die Unterseite fest und goldgelb gebacken ist, den Pfannkuchen aus der Pfanne auf einen Deckel gleiten lassen und mit der Oberseite in die Pfanne zurückgeben. Weitere 5 Minuten backen. Die Pizza auf einem Teller anrichten und in Tortenstücke aufteilen. Die Zwiebel- Schnittlauchstücke mit Essig-Soyasauce und einer Schale Wasser-Kimchi servieren.

Für 2 Personen
Zubereitungszeit: 30 Minuten

Gefüllte Zwiebelringe
Sanjukchunyua

Gefüllte Zwiebelringe eignen sich als Beilage oder können als kleine Gaumenfreude gereicht werden.

Zutaten
3 mittelgroße Zwiebeln
1 Schalotte
150 g Rindergehacktes
100 g Bohnenquark (Tofu)
3 Knoblauchzehen
1 Teel. Sesamkörner
1 Eßl. Sesamöl
2 Eier
Chilipulver
Mehl
Sesamöl zum Braten
Pfeffer, Salz

Zubereitung
Die Zwiebeln enthäuten und in 1 cm dicke Ringe schneiden. Das Mittelstück eines jeden Zwiebelringes herausdrücken, so daß noch ein stabiler Außenrand übrigbleibt. Die Ringe mit Salz bestreuen. Die Schalotte und die Knoblauchzehen fein hacken. In einer Schale Rindergehacktes, zerbröselten Tofu, Knoblauch, Schalotte, Sesamkörner und 1 Teelöffel Sesamöl mit einer Gabel vermischen, mit Salz, Pfeffer und einer Prise Chilipulver nach Belieben abschmecken. Die Zwiebelringe in Mehl wenden. Das freie Mittelstück mit der Fleischpaste füllen und eine Seite des Zwiebelringes mit dieser Paste ganzseitig bedecken. Die Eier in einem tiefen Teller schaumig schlagen. Sesamöl in einer Pfanne erhitzen. Die Ringe zuerst in Mehl wenden, in Ei tauchen und mit der fleischbedeckten Seite nach unten braten. Nimmt das Fleisch eine bräunliche Färbung an, die Hitze reduzieren und die Ringe von der an-

deren Seite etwa 5-7 Minuten braten, bis die Zwiebeln zart sind. Das gefüllte Gemüse etwas abkühlen lassen, bevor es auf einem Teller angerichtet wird.

Für 2 Personen
Zubereitungszeit: 20 Minuten

Gefüllte Auberginen
Kajichim

Gefüllte Aubergine ist ein mildes Gericht, das mit einer schmackhaften Sauce serviert wird.

Zutaten
500 g Auberginen
150 g Gehacktes
1/2 Packung Bohnenquark (Tofu)
1 Gemüsezwiebel
1 Poreestange
3 Knoblauchzehen
1 Teel. Kochuchang (Paprikapaste)
1 Eßl. Sesamkörner
1 Eßl. Zucker
1 Eßl. Sesamöl
250 ml Fleischbrühe aus Würfeln
Soyasauce
Pfeffer, Salz

Zubereitung
Die Auberginen waschen, die Stengelansätze abschneiden und das Gemüse in 10 cm lange Stücke teilen. Diese jeweils kreuzweise einschneiden, ohne das Ende zu durchtrennen. Das helle Fruchtfleisch mit Salz bestreuen, 15 Minuten ziehen lassen, abwaschen und trockentupfen. Das überflüssige Wasser aus dem Tofu ausdrücken, in einer Schüssel zerbröseln und mit dem Gehackten, fein geschnittenem Poree, gepreßten Knoblauchzehen, Kochuchang, Sesamkörnern, Zucker, Sesamöl, 1 Eßl. Soyasauce und einer Prise Pfeffer zu einer geschmeidigen Fleischmasse vermengen. Diese Mischung in die Auberginenschlitze füllen. Die Gemüsezwiebel in feine Ringe aufschneiden und den Boden eines Kochtopfes damit auslegen. Die Auberginenstücke darauf anordnen, mit Fleischbrühe und 2 Eßl. Soyasauce auffüllen und bei niedriger Hitze ca. 20-30 Minuten gar schmoren. Das Gemüse herausnehmen und warm-

stellen. Den Bratfond loskochen und mit Wasser zu knapp 1/4 l Flüssigkeit auffüllen. Nun die „Soße für gefülltes Gemüse“ zubereiten (→ *Saucen*). Die Auberginen längs vierteln und mit der Sauce servieren.

Für 2-4 Personen
Zubereitungszeit: 20 Minuten (ohne Sauce)
Garzeit: 20-30 Minuten

Gefüllte Zucchinischeiben
Hobakchon

Zutaten
2 Zucchini
100 g Gehacktes
1/2 Packung Bohnenquark (Tofu)
2 Schalotten
4 Knoblauchzehen
1 Eßl. Soyasauce
1 Eßl. Sesamöl
1 Teel. Sesamkörner
1 Teel. Essig
2-3 Eier
Mehl

Zubereitung
Die Zucchini waschen, in Scheiben schneiden, mit Salz bestreuen und 10 Minuten ziehen lassen. Die Flüssigkeit leicht ausdrücken und die Gemüsescheiben mit Küchenpapier trockentupfen. Das Gehackte mit dem Tofu, den feinwürfelig geschnittenen Schalotten, dem gepreßtem Knoblauch und den restlichen Zutaten, ausgenommen Eiern und Mehl, zu einem Fleischmus vermischen. Die Eier in einem tiefen Teller schaumig schlagen. Jeweils 1 Teel. der zubereiteten Füllung in die Mitte einer jeden Zucchini-Scheibe geben und mit dem Finger die Masse gleichmäßig bis zum Rand verteilen. Pflanzenöl in einer Pfanne erhitzen. Die Zucchinischeiben behutsam in Mehl wenden, in die Eiflüssigkeit eintauchen und goldbraun braten. Vor dem Verzehr einer jeden Scheibe wird diese in Soyasauce getaucht.

Für 2 Personen
Zubereitungszeit: 20 Minuten

Fritiertes Gemüse
Yachaetwigim

Das „Schwimmend in Fett ausbacken" wird in Korea genau wie in Europa gehandhabt. Die Rohstoffe werden in Teig gehüllt und in heißem Fett gegart. Dieses Gericht kann vor den Augen der Gäste zubereitet werden.

Zutaten
2 Kartoffeln
2 Zwiebeln
2 Paprikaschoten (rot und grün)
6 Pfefferschoten
2 Möhren
3 Shiitake-Pilze (getrocknet; oder Champignons)
Öl oder Fett zum Fritieren
hölzerne Zahnstocher
Für den Teig:
150 g Mehl
2 Eier
2 Eßl. Reiswein
1 Prise Salz

Zubereitung
Die Shiitake-Pilze ca. 30 Minuten in warmem Wasser einweichen lassen, dann leicht ausdrücken. Sollten Champignons verwendet werden, diese nur waschen, putzen und die Stiele belassen. Die Teigzutaten mit soviel eiskaltem Wasser verrühren, bis ein glatter, zäher Ausbackteig entstanden ist. Die Kartoffeln schälen, waschen und in 5 mm dicke Scheiben schneiden. Die Zwiebeln pellen, in 5 mm dicke Ringe zerteilen und jeweils einen Zahnstocher waagerecht durch die Schichten stechen. Die Paprikaschoten halbieren, die weißen Scheidewände samt dem Kerngehäuse entfernen und das Fruchtfleisch in 1 cm dicke Scheiben schneiden. Die Pfefferschoten seitlich aufritzen und die Samenkerne auskratzen. Die Möhren putzen, der Länge nach halbieren und in Längsschei-

ben aufschneiden. Diese in etwa 5 cm lange Stücke teilen, wobei das Ende jeweils in etwa 3 cm lange Franseln geschnitten wird. Das Öl im Fritiertopf auf ca. 160 Grad erhitzen. Das Gargut durch den Teig ziehen, bis es völlig davon eingehüllt ist. Portionsweise das Gemüse ins heiße, leicht schäumende Fett gleiten lassen und goldbraun ausbacken. Mit einem Schaumlöffel herausnehmen und gut abtropfen lassen. Dazu reicht man eine Schale Reis und Soyasauce zum Dippen.

Für 2 Personen
Zubereitungszeit: 35 Minuten (ohne Fritieren)

Fritierter Bohnenquark
Dubutwiginijorim

Zutaten
2 Packungen Bohnenquark (Tofu)
6 Shiitake-Pilze (getrocknet)
3 Pfefferschoten
1 Paprikaschote (rot)
200 ml Fleischbrühe aus Würfeln
4 Eßl. Soyasauce
3 Eßl. Reiswein
3 Teel. Zucker
Salz
Mehl
Öl oder Fett zum Fritieren

Zubereitung
Die Pilze in warmem Wasser etwa 30 Minuten ziehen lassen. Die Pfefferschoten schräg halbieren. Die Kerngehäuse der Paprikaschoten entfernen und das Fruchtfleisch grob würfeln. Den Tofu in 1,5 cm dicke Scheiben aufschneiden, mit Salz bestreuen und in Mehl wenden. Den Boden einer Pfanne 2 cm hoch mit Öl bedecken, stark erhitzen und den Bohnenkäse goldgelb backen (fritieren), dann warm stellen. In einem Kochtopf die Fleischbrühe mit Soyasauce, Reiswein und Zucker aufkochen, die fritierten Tofuscheiben und die Pilze hinzufügen. Nach 5 Minuten die restlichen nicht fritierten Gemüsearten dazugeben und abgedeckt bei milder Hitze weitere 5 Minuten köcheln lassen.

Für 2 Personen
Zubereitungszeit: 40 Minuten

Gefüllter Bohnenquark in der Kasserolle
Dubu Chongol

Zutaten
3 Packungen Bohnenquark (Tofu), je 250 g
200 g Tatar (oder Rindergehacktes)
2 Chinakohlblätter
200 g Blattspinat
1 Gemüsezwiebel
2 Eier
250 ml Fleischbrühe aus Würfeln
3 Knoblauchzehen
1 Poreestange
3 Teel. Sesamkörner
1 Teel. Chilipulver (oder Paprikapulver, scharf)
1 Teel. Zucker
Soyasauce
Sesamöl
Pfeffer, Salz

Zubereitung
Zwei Tofukuchen in 0,5 cm dicke Scheiben schneiden, mit einer Prise Salz bestreuen, in einer Pfanne in Butter leicht anbraten und auf einem Teller abkühlen lassen. Den Poree fein hacken und in einem Schälchen beiseitestellen. Tatar mit dem verbliebenen, entwässerten, zerbröselten Tofu, 2 gepreßten Knoblauchzehen, 2 Eßl. Poree, 1 Teel. Sesamkörnern, 1 Eßl. Soyasauce und 1 Teel. Sesamöl sorgfältig vermischen. Auf einer vorgebratenen Tofuscheibe eine dünne Schicht der Fleischpaste verstreichen und mit einer zweiten Tofuscheibe abdecken. Aus der evtl. übriggebliebenen Tatarfüllung kleine Bällchen formen.
Die Eier in einem tiefen Teller schaumig schlagen, die gefüllten Bohnenkäsescheiben und die Klößchen eintauchen und in einer Pfanne goldbraun braten. Dann die Tofuschnitten halbieren. Den Blattspinat verlesen, zusammen mit den Chinakohlblättern waschen, kurz in kochendem Wasser abbrühen und abtropfen lassen. Den leicht gepfefferten

Spinat in zwei Portionen aufteilen, in die Kohlblätter einwickeln und die Gemüserollen in 4 cm dicke Stücke teilen. Die Gemüsezwiebel in dünne Ringe schneiden und den leicht mit Pflanzenöl bestrichenen Pfannenboden damit auslegen. In der Mitte die gefüllten Kohlrollen kreisförmig mit den Klößchen anordnen, die Tofuschnitten hochkant darum herum gruppieren. Die Fleischbrühe mit dem restlichen Poree, 1 Eßl. Sesamkörnern, 1 Teel. Sesamöl, Chilipulver und Zucker würzen. Die Pfanne mit der Flüssigkeit auffüllen und alles abgedeckt bei milder Hitze ca. 10 Minuten köcheln lassen.

Für 2-3 Personen
Zubereitungszeit: 40 Minuten

Gefüllter Chinakohl mit Bohnenquark

Dubussamtchim

Zutaten

500 g Bohnenquark (Tofu)
250 g Tatar (oder Rindergehacktes)
1 Möhre
2 Zwiebeln
3 Paprikaschoten
5 Pfefferschoten
2 Frühlingszwiebeln
5-6 Chinakohlblätter
4 Knoblauchzehen
2 Eßl. Soyasauce
1 Eßl. Sesamöl
1 Eßl. Sesamkörner
1 Teel. Zucker
1 Ei
1/2 Teel. Pfeffer
Mehl
Salz

Zubereitung

Den Bohnenquark in ein Trockentuch wickeln und das Wasser herausdrücken. Tatar mit gepreßtem Knoblauch, gehackten Frühlingszwiebeln, Soyasauce, Sesamöl, Sesamkörnern, Zucker und Pfeffer würzen, mit dem zerbröselten Tofu und dem Ei zu einer einheitlichen Masse vermengen. Die Möhre schaben, die Zwiebeln pellen. Die Paprikaschoten halbieren und das Kerngehäuse mit den weißen Scheidewänden entfernen. Die Pfefferschoten längs aufritzen, die Samen auskratzen. Alle Gemüsezutaten in sehr feine Streifen schneiden und in einer geölten, vorgeheizten Pfanne separat braten, etwas salzen. Die Gemüsestreifen unter die Fleischmasse heben. In einem Kochtopf Wasser erhitzen, die Chinakohlblätter kurz blanchieren, mit Küchenpapier abtrocknen und die Innenseite mit Mehl bestäuben. Auf die Arbeitsfläche Backpapier — falls vorhanden eine Bambusmatte — auslegen, das Kohlblatt darauf ausbreiten, 3-4 Eßl. der Füllung in der Mitte des Blattes verteilen und fest aufrollen. Den Siebeinsatz eines Schnellkochtopfes mit einem feuchten Leinentuch auskleiden, die Rollen darauflegen und ca. 15 Minuten dämpfen. Mit einem scharfen Messer in 4 cm lange Stücke aufteilen, mit Soyasauce und Reis servieren.

Für 2-3 Personen
Zubereitungszeit: 20 Minuten
Dämpfzeit: ca. 15 Minuten

(*siehe Foto gegenüber S. 112*)

Spargel am Spieß
Yachaechungyua

Zutaten
12 Spargelstangen
200 g mageres Schweinefleisch (Rindfleisch oder Putenschnitzel)
6-8 Shiitake-Pilze (getrocknet)
2 Knoblauchzehen
2 Eßl. Soyasauce
Sesamöl
1 Teel. Sesamkörner
2 Eier
Mehl
Bambusspieße

Zubereitung
Shiitake-Pilze in warmem Wasser ca. 30 Minuten einweichen. Den Spargel waschen, schälen, 5 Minuten in Wasser vorkochen, abtropfen lassen und die harten Enden abtrennen. Das Fleisch in Streifen schneiden, in einer Würztunke aus Soyasauce, gepreßtem Knoblauch, 1 Eßl. Sesamöl und Sesamkörnern einlegen und 10 Minuten ziehen lassen. Die Stiele der Pilze entfernen, die Hüte in 5 mm breite Streifen schneiden und in Sesamöl wenden. Den Spargel, das Fleisch und die Pilze abwechselnd auf die kleinen Spieße stecken und von beiden Seiten mit Mehl leicht bestäuben. Die Eier in einem tiefen Teller schaumig schlagen. Öl in einer Pfanne erhitzen, die Spieße mehrmals durch die Eiflüssigkeit schwenken und sofort braten, bis beide Seiten gut gebräunt sind.
Tip: Die Spieße sind servierfertig, wenn man mit einer Gabel die Spargelstücke leicht durchstechen kann. Die Stiele sollten aber dennoch etwas Biß haben.

Für 2 Personen
Zubereitungszeit: 35 Minuten (ohne Braten)

Schwarzwurzeln in Soyasauce
Uongjorim

Zutaten
500 g Schwarzwurzeln
250 ml Soyasauce
6 Eßl. Reiswein
4 Eßl. Zucker
2 Eßl. Pinienkerne
2 Eßl. Zitronensaft (oder Essig)

Zubereitung
Schwarzwurzeln gründlich unter kaltem Wasser abbürsten, schaben und in etwa 5 cm lange Stücke schneiden. Sofort in eine Schüssel mit Wasser und 2 Eßl. Zitronensaft legen, damit die weiße Farbe erhalten bleibt. Die Schwarzwurzelstücke kurz vor dem Bratvorgang abtropfen lassen und fein stifteln. Öl in einer Pfanne erhitzen und das Gemüse pfannenrühren. Nach ein paar Minuten 200 ml Wasser, Soyasauce, Reiswein und Zucker hinzufügen, mehrmals wenden und abgedeckt bei schwacher Temperatur bißfest dünsten. Wenn die Flüssigkeit fast eingekocht ist, den Deckel entfernen und bei starker Hitze kochen, bis die Wurzeln glasiert erscheinen. Auf einem Teller anrichten und mit fein gehackten Pinienkernen bestreuen.

Für 2 Personen
Zubereitungszeit: 10 Minuten

Reisgerichte

Reis mit Gemüse
Bibimbab

Zutaten
200 g chinesischer Klebreis (oder Langkornreis)
200 g mageres Rindfleisch
1 Schlangengurke (klein)
200 g Soyabohnensprossen
2 Möhren
50 g Shiitake-Pilze (getrocknet)
200 g weißer Rettich
2 Schalotten
3 Knoblauchzehen
1 Eßl. Sesamkörner
1 Eßl. Zucker
2 Eier
Soyasauce
Sesamöl
Salz

Zubereitung
Die Pilze in warmem Wasser ca. 30 Minuten einweichen, dann säubern, Stiele entfernen und die Hüte in Streifen schneiden. Den Reis kochen. Das Rindfleisch in dünne Streifen schneiden und in eine Marinade aus 3 Eßl. Soyasauce, 1 Eßl. Sesamöl, Sesamkörnern, Zucker, den gepreßten Knoblauchzehen und gehackten Schalotten einlegen, 15 Minuten ziehen lassen. Die Schlagengurke längs halbieren, mit einem Löffel das weiche Kernstück ausschaben, in halbmondförmige Scheiben raspeln, leicht salzen, ziehen lassen und die Flüssigkeit leicht ausdrücken. Die Soyabohnensprossen auf einem Sieb abtropfen lassen. Die Möhren und

Foto:
Reisrolle im Noriblatt
Rezept siehe Seite 134

den Rettich waschen und das Gemüse stifteln. Sesamöl in einer Pfanne erhitzen und das Rindfleisch unter mehrmaligem Rühren braten. Das Gemüse nacheinander in Sesamöl garen, so daß es noch Biß hat, und warmstellen. Nun Butter in der Pfanne schmelzen. Die Eier nacheinander aufschlagen und in die Pfanne gleiten lassen. Bei mittlerer Hitze 5 Minuten braten.
Jeder Gast erhält eine tiefe Schüssel, in der zuvor als unterste Schicht der gekochte Reis ausgebreitet wurde. In der Mitte werden, farblich abgestimmt, die Gemüse- und Fleischzutaten in kleinen Portionen aufeinander gehäuft, das Spiegelei wird am Rande plaziert. Vor dem Verzehr werden alle Zutaten behutsam mit Hilfe der Stäbchen unter den Reis gehoben.
Tip: Wer ein etwas würzigeres Aroma bevorzugt, gibt einen Teel. Kochuchang (Paprikapaste) auf das Eigelb.

Für 2 Personen
Zubereitungszeit: 50 Minuten

Reis mit Huhn
Songibosotbab

Zutaten
150 g Reis
200 g Hühnchenfleisch
150 g Champignons
2 Zwiebeln
2 Eßl. Soyasauce
1 Eßl. Reiswein

Zubereitung
Champignons säubern und in Scheiben, das Hühnchenfleisch in mundgerechte Streifen schneiden. Das Hühnchenfleisch mit Soyasauce und Reiswein begießen und 10 Minuten ziehen lassen. Die Zwiebeln grob hacken. Alle Zutaten mit dem Reis in einen Topf geben und mit 500 ml Wasser auffüllen. Etwa 10 Minuten bei mittlerer Hitze kochen, dann die Temperatur reduzieren und noch 10-15 Minuten abgedeckt leicht köcheln lassen.

Für 2 Personen
Zubereitungszeit: 35 Minuten

Reis mit Soyabohnensprossen
Kongnamulbab

Zu jedem Gericht erhält man in Korea eine Schale gekochten Reis. Wenn dieser mit Gemüse oder anderen Zutaten zubereitet wird, ist diese Speise für eine koreanische Familie schon ein kleines Abendessen.

Zutaten
150 g Reis
160 g Soyabohnensprossen (aus der Dose)
150 g Rindfleisch
1 Gemüsezwiebel
2 Knoblauchzehen
1 Eßl. Sesamöl

Zubereitung
Den Reis waschen und in einem Kochtopf mit 500 ml Wasser bedecken. Die Zwiebel pellen und, ebenso wie das Rindfleisch, in dünne Streifen schneiden. Die Soyabohnensprossen waschen, abtropfen lassen und grob hacken. Die Knoblauchzehen zerkleinern. Alle Zutaten zum Reis geben und bei niedriger Temperatur 20-25 Minuten zugedeckt kochen lassen, ab und zu umrühren. Dazu Soyasauce reichen.

Für 2 Personen
Zubereitungszeit: 45 Minuten

Reis mit roten Bohnen
Patbab

Zutaten
150 g Reis
100 g rote Bohnen (getrocknet)

Zubereitung
Den Reis und die Bohnen unter kaltem Wasser waschen. Die roten Bohnen in 500 ml Wasser 20 Minuten bei mittlerer Temperatur kochen. Den Reis hinzufügen und weitere 20-25 Minuten köcheln lassen.

Für 2 Personen
Zubereitungszeit: 45 Minuten

Reis mit schwarzen Bohnen
Kongbab

„Gib acht, was du tust, oder du wirst bald Kongbab essen." Schwarze Bohnen mit Reis sind in Korea bekannt als „Zuchthäuslernahrung", da dieses Gericht preiswert in der Herstellung ist.

Zutaten
150 g Reis
50 g schwarze Bohnen (getrocknet)

Zubereitung
In gleicher Weise verfahren wie beim vorher genannten Gericht: „Reis mit roten Bohnen".

Für 2 Personen
Zubereitungszeit: 45 Minuten

Reisrolle im Noriblatt
Kimbab

Kimbab wird für ein Picknick in Scheiben aufgeschnitten — aber auch mit einer Suppe und Soyasauce als eigenständiges Essen gereicht. Die Füllung kann variieren. Anstelle des eingelegten Rettichs kann man saure Gurken oder gehackten Poree verwenden, die Noriblätter können durch dicke Eierpfannkuchen ersetzt werden.

Zutaten
120 g Reis
200 g zartes Rindfleisch
1 Zwiebel
1 gelber, eingelegter Rettich
2 Möhren
100 g Blattspinat
3 Eier
6 Noriblätter (Algen)
3 Eßl. Soyasauce
1 Eßl. Sesamöl
1 Eßl. frische Kräuter
1 Teel. Wasabipaste
Pfeffer, Salz

Zubereitung
Den Reis garen. Zwischenzeitlich das Rindfleisch in dünne Streifen schneiden, mit Soyasauce, Sesamöl und fein gehackter Zwiebel in einer vorgeheizten Pfanne braten, mit Pfeffer und Salz würzen und abkühlen lassen. Die Möhren waschen, putzen und gar kochen. Die erkalteten Möhren und den Rettich in dünne Stäbchen von ca. 15 cm Länge schneiden. Den Blattspinat blanchieren und abtropfen lassen. Eigelb und Eiweiß getrennt mit einer Prise Salz verquirlen. In das Eigelb die gehackten Kräuter einrühren. Aus der Eimasse dünne Omeletts backen, auskühlen lassen und in fingerdicke Streifen schneiden. Ein Noriblatt auf einer Bambusmatte (oder auf Pergamentpapier) ausbreiten. 2 Eßl.

Reis in die Mitte der Alge über die ganze Länge quer verteilen und mit einem Hauch von Wasabipaste bestreichen. Möhren-, Rettich-, Spinat-, Eier- und Fleischstreifen auf dem Reis arrangieren. Die Bambusrolle fest — wie eine Biskuitrolle — aufrollen, so daß eine Reisrolle entsteht, wobei sich die farbigen Zutaten in der Mitte befinden. Das Ende des Noriblattes mit Sesamöl verkleben und die Rolle einpinseln. Ebenso mit den restlichen Zutaten verfahren. Mit einem scharfen Messer die Rollen in ca. 1-2 cm dicke Scheiben schneiden und pyramidenförmig auf einem Teller anrichten. Dazu passen alle Varianten der Soyasaucen.

Für 2 Personen (etwa 6 Reisrollen)
Zubereitungszeit: 45 Minuten

(*siehe Foto gegenüber S. 128*)

Kimchi

Wasser-Kimchi
Nabak Kimchi

Dieses saftige Kimchi aus dünngeschnittenem Rettich und Chinakohl kann zu jeder Jahreszeit zubereitet und zu Snacks serviert werden.

Zutaten
1 großer, weißer Rettich
1 Chinakohl
2 Bund Frühlingszwiebeln
2 Bund Schnittlauch
4 Pfefferschoten (rot)
6 Knoblauchzehen
1 Stück frische Ingwerwurzel (klein)
5 Eßl. Paprikapulver
Salz

Zubereitung
Das Gemüse waschen, den Rettich abbürsten, diagonal in 2 cm breite Scheiben schneiden und diese grob würfeln. Den Chinakohl von der Wurzel bis zur Spitze halbieren, jede Hälfte wird quer in feine Scheiben, dann in Quadrate von 3 cm Größe geschnitten. In einer Schüssel Rettich und Chinakohl schichtweise reichlich mit Salz bestreuen und etwa 30 Minuten ruhen lassen. Zwischenzeitlich den Schnittlauch und die Frühlingszwiebeln auf 4 cm lange Stengel trimmen. Die Pfefferschoten seitlich aufschlitzen, die Samenkörner auskratzen und das Fruchtfleisch, ebenso wie die helle Zwiebel, in streichholzdünne Streifen schneiden. Die Knoblauchzehen pellen, die Ingwerwurzel schälen und beides in feine Scheibchen spalten. Nun den in Salz eingelegten Rettich und Chinakohl unter fließend kaltem Wasser abspülen, abtropfen

lassen, mit dem vorbereiteten Gemüse vermengen und alles in einem Steingutgefäß schichten. 3 Eßl. Tafelsalz mit dem Paprikapulver und Zucker in ca. 1 Liter Wasser zu einer Lake anrühren und über das Gemüse gießen, so daß dieses gänzlich bedeckt ist. Mit einem Gegenstand beschweren, gut abdichten und an einem kühlen Ort bei gleichbleibender Temperatur aufbewahren. Nach 3 Tagen kann man das Kimchi schon servieren.

Für 3-4 Personen
Zubereitungszeit: 40 Minuten
Ruhezeit: 3 Tage

Traditionelles Kimchi
Tongbaechu Kimchi

Diese Art der Kimchizubereitung ist die in Korea populärste und traditionellste. In Korea werden auch frische, gehackte Austern für die Füllung verwendet, was aber sehr kostspielig ist, deshalb wurde in diesem Rezept darauf verzichtet.

Zutaten
1 Chinakohl
1 großer, weißer Rettich
3 Bund Schnittlauch
2 Bund Frühlingszwiebeln
150 g gesalzene Babyshrimps (aus dem Glas)
1 Knolle Knoblauch
1 Stück frische Ingwerwurzel
4 Eßl. Paprikapulver (scharf)
6 Eßl. Sambal Oelek
2 Eßl. Zucker
Salz

Zubereitung
Den Chinakohl von der Wurzel bis zur Spitze halbieren, in eine Schüssel legen und mit einer Lake, zubereitet aus 2 Liter Wasser und 8 Eßl. Salz, übergießen. Etwa 3 Stunden einweichen. Danach sorgfältig abspülen, abtropfen lassen, die äußeren Blätter entfernen und aufheben. In der Zwischenzeit den Rettich unter fließendem Wasser abbürsten, diagonal in dünne Scheiben und diese in feine Streifen schneiden. In eine Schüssel geben, mit Salz bestreuen, 10-15 Minuten ziehen lassen und abwaschen. Den Schnittlauch und die Frühlingszwiebeln in 4 cm lange Stengel zerschneiden, die Knoblauchzehen pellen, die Ingwerwurzel schälen und mit den Babyshrimps fein hacken. Die Rettichstreifen mit dem Paprikapulver vermengen, so daß sie eine gleichmäßige rote Färbung annehmen. Nun Knoblauch, Ingwer, Zucker, Schnittlauch und Frühlingszwiebeln damit vermischen und die 6 Eßl. Sambal Oelek untermen-

gen. Die Chinakohlhälften nochmals halbieren. Zwischen die einzelnen Kohlblätter die Rettichmischung füllen. Den zubereiteten Chinakohl in einen Steinguttopf legen und mit den ausgesonderten Kohlbättern abdecken; 1 Liter Wasser mit 4-5 Eßl. Salz verrühren und darübergießen. Mit einem Gegenstand beschweren, gut abdichten und an einem kühlen Ort aufbewahren.

Für 3-4 Personen
Zubereitungszeit: 25 Minuten
Einweichzeit: ca. 3 Stunden
Ruhezeit: mindestens 3 Tage

Weißer Kimchi
Paek Kimchi

Diese Kimchiart wird in den nördlichen Regionen Koreas bevorzugt.

Zutaten
1 Chinakohl
1 großer, weißer Rettich
3 Bund Schnittlauch
2 Bund Frühlingszwiebeln
1 Knolle Knoblauch
1 Stück frische Ingwerwurzel
8 Jujubes (getrocknete rote Datteln)
5 Maronen
2 koreanische Birnen
8 Shiitake-Pilze (getrocknet)
1 Eßl. getrocknete rote Paprikafäden
Salz

Zubereitung
Die Pilze etwa 30 Minuten in warmem Wasser einweichen. Den Chinakohl von der Wurzel bis zur Spitze halbieren, in eine Schüssel legen und mit einer Lake aus 2 Litern Wasser und 6 Eßl. Salz übergießen. Etwa 3 Stunden ziehen lassen, bis die Blätter weich werden. Danach sorgfältig abspülen, abtropfen lassen, die äußeren Blätter abtrennen und beiseite legen. Den Rettich abbürsten und die Birnen schälen. Beides diagonal in dünne Scheiben und diese in feine Streifen schneiden. Die Knoblauchzehen pellen, die Ingwerwurzel dünn schälen, die Jujubes entkernen und mit den Maronen in dünne Scheibchen aufschneiden. Den Schnittlauch und die Frühlingszwiebeln in 4 cm lange Stengel schneiden. In einer Schale den Rettich, die geschnetzelten Pilze, die Paprikafäden und die hergerichteten Zutaten vermengen und mit Salz würzen. Eine Chinakohlhälfte auf eine Arbeitsplatte legen und zwischen die einzelnen Blätter die Füllung verteilen. 2 der übriggebliebenen Kohlblätter auf den Boden eines Steinguttopfes ausbreiten, die Kohlhälften

daraufgeben. Die verbliebene Birne entsaften (in einem Tuch ausdrücken), mit 1 Liter Wasser und 2 Eßl. Salz vermengen und in den Topf gießen. Das Gemüse mit den restlichen Kohlblättern abdecken, mit einem Gegenstand beschweren, gut abdichten und an einem kühlen Ort mindestens 2 Tage aufbewahren. Vor dem Servieren das Strunkstück keilförmig austrennen, die Chinakohlhälften quer in Streifen schneiden, kreisförmig in einer Schale ineinanderlegen und mit etwas Flüssigkeit begießen.

Für 3-4 Personen
Zubereitungszeit: 40 Minuten
Einweichzeit: ca. 3 Stunden
Ruhezeit: mindestens 2 Tage

Rettich-Kimchi
Suk Kkaktugi

Zutaten
1 großer, weißer Rettich
1 Bund Schnittlauch
4 Knoblauchzehen
1 Stück frische Ingwerwurzel
5 Frühlingszwiebeln
1 Tasse Wasser
1 Eßl. Reismehl
1 Eßl. Essig
2 Eßl. Chilipulver
5-6 Eßl. Sambal Oelek
Zucker
Salz
Butter

Zubereitung
Den Rettich waschen, abbürsten und in ca. 2 cm dicke Scheiben schneiden. Diese grob würfeln und mit viel Salz bestreuen. Etwa 20 Minuten ruhen lassen. Die Frühlingszwiebeln in Streifen und den Schnittlauch in 2 cm lange Stengel schneiden. Ingwer und Knoblauchzehen schälen und fein hacken. Den vom Salz durchzogenen Rettich auf ein Sieb geben, so daß das Wasser abtropfen kann. Den Rettich in einer Schüssel mit Chilipulver und Sambal Oelek vermischen, bis er gänzlich rot gefärbt ist. Danach Zwiebeln, Schnittlauch, Knoblauch, Ingwer und eine Prise Zucker untermengen. Etwas Butter in einen Kochtopf geben und das Reismehl darin leicht anschwitzen lassen, Wasser zufügen, kurz aufkochen und abkühlen lassen. Die Flüssigkeit über den Rettich gießen, mit Salz nachwürzen und alles vermischen. In einem gut verschlossenen Tongefäß an einem kühlen Ort aufbewahren.

Für 2 Personen
Zubereitungszeit: 30 Minuten
Ruhezeit: mindestens 2-3 Tage

Gurken-Kimchi
Oi Sobagi

Die gefüllten, pikanten Gurken sind nicht nur appetitanregend, sondern auch als Beilage zu jedem Gericht eine Augenweide.

Zutaten
2 weichere Schlangengurken (oder 5 mittelgroße Einlegegurken)
3-4 Poreestangen
4 Zwiebeln
3 Bund Schnittlauch
6 Knoblauchzehen
1 Stück Ingwer
1 Dose Sardellen
1 Eßl. Zucker
1 Eßl. Paprikapulver (scharf)
6 Eßl. Sambal Oelek
250 ml Instant-Hühnerbrühe oder Fleischbrühe

Zubereitung
Die Gurken unter kaltem Wasser waschen, mit Salz einreiben und abspülen. Jede Gurke in etwa 7 cm lange Stücke aufschneiden. Jedes dieser Stücke längs 4mal einschneiden, wobei aber an beiden Enden ein Stück von mindestens 1 cm Länge unbeschnitten bleiben soll. Die Gurken in eine Schale legen, mit einer Lake aus 1 l Wasser und 3 Eßl. Salz begießen und 2 Stunden ziehen lassen. Die Poreestangen längs halbieren und mit den Zwiebeln, Knoblauchzehen, geschältem Ingwer und den Sardellen sehr fein hacken. Diese Zutaten in eine Schüssel geben und mit Paprikapulver, Zucker und Sambal-Oelek vermischen. Die Gurken abwaschen, abtropfen lassen und das Restwasser behutsam aus den Schlitzen drücken. Die Gurkenschnitte mit der Füllung stopfen und in einem Steingutgefäß schichten. Nach etwa 2-3 Stunden Ruhezeit die Hühner- bzw. Fleischbrühe vorsichtig eingießen. Noch verbleibende Füllung obenauf verteilen. Nach ca. 24 Stunden Fermentierungszeit bei

Raumtemperatur können die Gurken ganz oder halbiert mit etwas Flüssigkeit in einem Schälchen serviert werden. Den Rest im Kühlschrank aufbewahren.
Tip: Wer kein Liebhaber von Sardellen ist, kann diese weglassen oder durch gesalzene Baby-Shrimps ersetzen.

Für 3-4 Personen
Zubereitungszeit: 20 Minuten
Einweichzeit: 4 Stunden
Ruhezeit: 1 Tag

Foto:
Fritiertes Rindfleisch in Sesamblättern
Rezept siehe Seite 58

Schwarzwurzel-Kimchi
Kong Kimchi

Zutaten

500 g Schwarzwurzel
2 Bund Schnittlauch
2 Zwiebeln
4 Knoblauchzehen
1 Stück Ingwerwurzel
1 Eßl. Sesamkörner
2 Eßl. Chilipulver (oder Kochuchang: Paprikapaste)
1 Teel. Zucker
1 Teel. süßes Reismehl
1 Teel. Mehl
2 Eßl. Zitronensaft
20 g Butter

Zubereitung

Die Schwarzwurzeln gründlich unter kaltem Wasser abbürsten, schaben und diagonal in dünne Scheiben schneiden. Sofort in eine Schüssel mit Wasser, Mehl und Zitronensaft geben, damit sie weiß bleiben. Den Schnittlauch in feine Ringe schneiden, die Zwiebeln, Knoblauchzehen und den Ingwer feinwürfelig hacken. Das Paprikapulver und den Zucker mit 3-4 Eßl. Wasser verrühren. Das Reismehl in einer Pfanne mit der Butter anschwitzen (nicht braun werden lassen), mit 150 ml Wasser ablöschen und glattrühren, so daß keine Klümpchen entstehen. Die Schwarzwurzeln abtropfen lassen, in einer Schale mit den gehackten Zutaten, Sesamkörnern und dem Paprikapulver (Paprikapaste) vermengen. Anschließend mit der Reismehlflüssigkeit überziehen. Man kann das Gemüse noch 2-3 Stunden ziehen lassen, damit die Schwarzwurzeln das pikante Aroma absorbieren — oder auch sofort servieren.

Für 3-4 Personen
Zubereitungszeit: 15 Minuten
Ruhezeit: 2 Stunden

Kürbis-Kimchi
Hobak Kimchi

Eingelegter Kimchi — nußartig im Geschmack und köstlich duftend.

Zutaten
1 Kürbis von ca. 1 kg
Grünzeug von Sellerie und Radieschen
2 Bund Schnittlauch
5 Knoblauchzehen
1 Stück frische Ingwerwurzel
2 Eßl. Paprikapulver (scharf)
100 ml Soyasauce
1 Eßl. Zucker
Essig
5 Eßl. Reiswein
200 ml Wasser

Zubereitung
Den Kürbis unter kaltem Wasser waschen, abtropfen lassen, schälen, vierteln und in 5 x 3 cm lange, dünne Streifen schneiden, salzen und ziehen lassen. Das Grünzeug waschen und grob zerkleinern. Den Schnittlauch in Ringe schneiden, den Knoblauch und die Ingwerwurzel fein hacken. Soyasauce, Essig, Wasser, Zucker und Paprikapulver etwa 5 Minuten köcheln lassen. Das Kürbisfleisch mit dem Grünzeug, Schnittlauch, Knoblauch und Ingwer vermengen, dann in einen Steintopf geben, mit der Sauce vermischen und mit Cellophan abdecken.

Für 4-6 Personen
Zubereitungszeit: 20 Minuten
Ruhezeit: 1-2 Tage

Spinat-Kimchi
Shigumchi Kimchi

Zutaten
500 g frischer Blattspinat
1 Bund Schnittlauch
1 Bund Frühlingszwiebeln
4 Knoblauchzehen
1 Stück frische Ingwerwurzel (ca. 1 cm)
3 Eßl. Paprikapulver (scharf)
1 Teel. Zucker
Salz

Zubereitung
Den Blattspinat verlesen und gründlich in kaltem Wasser waschen. In eine Schüssel geben und mit sprudelnd kochendem Salzwasser übergießen, 7-8 Minuten ziehen und dann in einem Sieb abtropfen lassen. Den Schnittlauch in Ringe, die Frühlingszwiebeln diagonal in dünne Scheiben schneiden. Den Knoblauch pellen, den Ingwer schälen und beides fein hacken. Das Paprikapulver und den Zucker mit 7 Eßl. lauwarmem Wasser zu einer glatten Paste verrühren. Den Spinat sehr grob zerkleinern und mit allen Zutaten in einer Schale gleichmäßig vermischen, mit einer Prise Salz würzen und ziehen lassen.

Für 2-3 Personen
Zubereitungszeit: 20 Minuten
Ruhezeit: 2-3 Stunden

Süßspeisen

Honigküchlein
Yakkwa

Diese kleinen, in Honig getränkten Kuchen sind sehr gehaltvoll. Man reicht sie zur Teestunde.

Zutaten
250 g Weizenmehl
4 Eßl. Sesamöl
150 g Honig
4 Eßl. Reiswein oder Sherry
2 Teel. Zimtpulver
3 Eßl. Zitronenfleisch
1 Eßl. Zucker
2-3 Eßl. Pinienkerne
Öl zum Fritieren

Zubereitung
Das Mehl in eine Schüssel sieben, mit Sesamöl, 3 Eßl. Honig, Reiswein, Zucker, Zimt und 4 Eßl. Wasser zu einem weichen, glatten Teig verkneten. Diesen auf einer mehlbestreuten Arbeitsfläche etwa 1/2 cm dick ausrollen und kreisförmige Plätzchen ausstechen. In die Oberfläche mit einer schräggehaltenen Gabel sternförmig Vertiefungen eindrücken. Öl in einem Topf erhitzen und die Plätzchen hellgelb fritieren, bis sie an der Oberfläche schwimmen. Mit einer Schöpfkelle herausfischen und abtropfen lassen. 150 g Honig mit 150 ml Wasser und dem kleingehackten Zitronenfleisch in einer Pfanne erwärmen, ca. 5 Minuten verrühren und in einem tiefen Teller abkühlen lassen. Die ausgebackenen Plätzchen in die Flüssigkeit legen und mindestens 1 Stunde ziehen lassen, mit gehackten Pinienkernen bestreuen.

Für 2-3 Personen
Zubereitungszeit: 20 Minuten
Einlegezeit: 1 Stunde

Kandiertes Gemüse
Kaksaek Chunkwa

Zutaten
5 Möhren
1/2 großer, weißer Rettich
150 g Zucker
4 Eßl. Honig

Zubereitung
Die Möhren und den Rettich waschen, säubern und in ca. 10 cm lange, bleistiftdicke Stäbchen schneiden. Die Gemüsestifte in leicht gesalzenem Wasser garen, so daß sie noch Biß behalten, unter kaltem Wasser abschrecken und abtropfen lassen. Den Zucker mit 6-7 Eßl. Wasser leicht aufkochen lassen, Gemüse hinzufügen, mit dem Honig übergießen, etwas einkochen lassen, mehrfach wenden und servieren.

Für 2 Personen
Zubereitungszeit: 20 Minuten

Würziger Reis
Yaksik

Mühe und Zeit kostet es, diesen traditionsreichen süß-sauren Reis herzustellen. Man serviert ihn bei hohen Festlichkeiten.

Zutaten
500 g Klebereis
250 g Maronen
20 Jujubes, getrocknete, rote Datteln (oder getrocknete Pflaumen)
50 g Rosinen
30 g Pinienkerne
100 g brauner Zucker
5 Eßl. Honig
3 Eßl. Soyasauce
2 Eßl. Sesamöl
1 Teel. Zimtpulver

Zubereitung
Den Reis waschen, in warmem Wasser etwa 3-4 Stunden einweichen und abtropfen lassen. Den Siebeinsatz eines Schnellkochtopfes mit einem leinenen Trockentuch auslegen und den Reis über Wasserdampf etwa 30 Minuten dämpfen. Zwischenzeitlich die Maronen und die Jujubes in einem Topf mit Wasser zum Kochen bringen. Die roten Datteln nach 10 Minuten herausfischen, entkernen, halbieren und mit den Rosinen für 2-3 Stunden im Wasser quellen lassen. Die Maronen nach insgesamt 30 Minuten Kochzeit unter kaltem Wasser abschrecken, die Schale abpellen und die Frucht vierteln. Den Zucker in einer Pfanne schmelzen, leicht bräunen lassen, mit Soyasauce ablöschen und den Honig einrühren, bis dieser schmilzt. Den Reis mit den Früchten und den gesamten Zutaten in einer Schüssel vermengen. Das Reisgemisch in das Küchentuch streichen, nochmals etwa 30-45 Minuten dämpfen und erkalten lassen. Den dunkelbraun gefärbten Reis in kleine rechteckige Plätzchen schneiden und servieren.

Für 4-6 Personen
Zubereitungszeit: 15 Minuten
Quellzeit: 3 Stunden
Dämpfzeit: 30-45 Minuten

Süße Ingwerscheiben
Saengkang Chunkwa

Ein Rezept für Leute, die das Außergewöhnliche lieben. Scharfer Ingwer in süßem Honig — eine interessante Kombination — und nicht nur ein Mittel gegen Seekrankheit.

Zutaten
250 g frische Ingwerwurzel
100 ml Honig

Zubereitung
Die frische Ingwerwurzel schälen und quer zur Faser in hauchdünne Scheibchen schneiden. Den Ingwer auf einem Pfannenboden ausbreiten, mit Wasser bedecken und bei starker Flamme ca. 10-15 Minuten kochen. Das Ingwerwasser abschütten und das Fruchtfleisch abtropfen lassen. In einer Pfanne 3 Eßl. Wasser mit dem Honig verrühren und den Ingwer ca. 30 Minuten bei schwacher Temperatur glasieren lassen.

Für 2 Personen
Zubereitungszeit: 50 Minuten

Gefüllte Jujubes
Taechucho

Die getrockneten roten Datteln kann man abgepackt im asiatischen Feinkostladen kaufen.

Zutaten
1 Packung Jujubes (getrocknete rote Datteln)
10 Maronen
60 g Honig
1 Eßl. Zimtpulver
4 Eßl. Pinienkerne

Zubereitung
Die Jujubes auf dem Siebeinsatz eines Schnellkochtopfes ca. 10 Minuten dämpfen. Den Kern mit einem Längsschnitt entfernen. Die Maronen etwa 10-15 Minuten in Wasser kochen, abschütten und pellen. In einer Schale das Maronenfleisch fein zerdrücken und die Datteln damit füllen. In einem Topf den Honig mit der gleichen Menge Wasser bei leichter Flamme verrühren und die Jujubes hineinlegen. Nach etwa 10 Minuten die Datteln herausnehmen, mit Zimt bestreuen, in gehackten Pinienkernen wälzen und in einer Schale übereinanderschichten.

Für 2-3 Personen
Zubereitungszeit: 30 Minuten

Sesamplätzchen
Ggae Kangjong

Zutaten
100 g helle Sesamkörner
100 g schwarze Sesamkörner
125 ml Rübensirup
50 g Zucker

Zubereitung
Die hellen und dunklen Sesamkörner nacheinander in einer Pfanne je 2-3 Minuten rösten. Den Zucker in einer Pfanne leicht schmelzen, den Sirup einfließen lassen und unter ständigem Rühren bei leichter Flamme eindicken. Die entstandene Flüssigkeit gleichmäßig auf 2 Schalen verteilen. In einem Gefäß die hellen, in dem anderen die dunklen Sesamkörner einrühren. Auf einer Arbeitsplatte Backpapier auslegen, leicht einfetten, den Sirup mit den hellen Körnern darauf ausgießen, mit einer zweiten ebenfalls eingefetteten Backfolie abdecken und mit einem Nudelholz dünn ausrollen. Nun das obere Papier entfernen und den schwarzkörnigen Sirup auf die ausgewalzte Schicht gießen, das Papier darauflegen, mit dem Nudelholz nochmals ausrollen und das Papier entfernen. Die Schichten wie Biskuits aufrollen und mit einem scharfen Messer in dünne Scheiben schneiden.

Für 2-3 Personen
Zubereitungszeit: 30 Minuten

Süße Birne
Paesuk

Zutaten
2 koreanische Birnen
2 Zimtstangen
100 g Ingwer
200 g Zucker
3 Eßl. schwarze Pfefferkörner
1 Teel. Pinienkerne

Zubereitung
Den Ingwer schälen, in dünne Scheiben schneiden und mit den Zimtstangen in 2 Liter Wasser etwa 20 Minuten bei mittlerer Temperatur kochen lassen. Die Birnen schälen, in 2 cm dicke Längsstücke schneiden, die Kerngehäuse entfernen und in die breiten Rückseiten 2-3 Pfefferkörner eindrücken. Die Birnenstücke in einen Topf legen, mit Zucker bestreuen und ca. 20 Minuten ruhen lassen. Ingwerstücke und Zimtstangen entfernen, die aromatisierte Flüssigkeit über die Birnen gießen und bei milder Hitze köcheln lassen, bis die Früchte glasiert erscheinen. In einer Glasschale servieren und mit Pinienkernen bestreuen.

Für 2-3 Personen
Zubereitungszeit: 35 Minuten

Getränke

Reiswasser
Soong nung

Heißes Reiswasser wird in Korea stets zum Abschluß eines Mahles gereicht. Dazu verwendet man den am Topfboden festklebenden oder leicht angebrannten Reis.

Zutaten
ca. 600 ml Wasser
festgebrannter Reis

Zubereitung
Das Wasser in den Reistopf gießen, den angebrannten Reis vom Boden lösen und alles 10 Minuten erhitzen. In kleine Schalen füllen und servieren.

Für 3-4 Personen
Zubereitungszeit: 10 Minuten

Gerstentee
Boricha

Geröstete Gerste wird zu einem bekömmlichen Getränk verarbeitet, welches im Sommer gekühlt und zur Winterzeit warm serviert wird.

Zutaten

6 Teel. Gerstenkörner
1 l Wasser
1/2 Teel. Öl

Zubereitung

Das Öl in einer Pfanne erhitzen und die Gerstenkörner unter mehrfachem Rühren rösten. Das Wasser in einem Topf erwärmen, die gerösteten Gerstenkörner einstreuen, 5 Minuten bei starker und dann 25 Minuten bei schwacher Hitze kochen lassen. Die Flüssigkeit durch ein Sieb geben und in Schälchen zum Essen servieren.

Für 4 Personen
Zubereitungszeit: 35 Minuten

Ingwergetränk
Soochunkwa

Dieser Ingwertrunk, obwohl ohne Alkohol zubereitet, scheint leicht berauschend zu wirken. Er wird in Korea zu kleinen Feierlichkeiten während der winterlichen Jahreszeit oder am Neujahrstag zubereitet.

Zutaten
250 g frische Ingwerwurzel (ungeschält!)
100 g Jujubes (getrocknete, rote Datteln)
350 g Honig
Pinienkerne
Zimtpulver

Zubereitung
Die Ingwerwurzel waschen, aber nicht schälen und hauchdünn in Scheibchen schneiden. Den Ingwer auf einem Topfboden ausbreiten, mit 2,5 l kaltem Wasser bedecken und ca. 2 1/2 Stunden köcheln lassen. Die Flüssigkeit durchsieben und beiseite stellen. 600-700 ml Wasser in einem Kochtopf erhitzen, darin die gewaschenen Jujubes 30 Minuten kochen, dann herausnehmen und erkalten lassen. Das Ingwerwasser erneut erwärmen, den Honig darin auflösen, 10 Minuten erhitzen und abkühlen lassen. In jedes Glas 2 Jujubes geben, mit der gesüßten Ingwerflüssigkeit auffüllen, mit einigen Pinienkernen bestreuen und mit einem Hauch von Zimtpulver bepudern.

Für 6-8 Personen
Zubereitungszeit: ca. 3 1/2 Stunden

Kaki-Punsch
Sujonggwa

Zutaten

8 Kakifrüchte (getrocknet)
100 g frische Ingwerwurzel
150 g Zucker (oder Honig)
3 Zimtstangen
Pinienkerne
Zimtpulver

Zubereitung

Die Ingwerwurzel schälen und in dünne Scheiben schneiden. Den Ingwer und die Zimtstangen in 1,5 l Wasser ca. 25 Minuten bei milder Hitze köcheln lassen. Den Zucker (Honig) einrühren, weitere 5 Minuten auf der Herdplatte belassen, bis sich dieser aufgelöst hat, dann durch ein Sieb passieren. Zwischenzeitlich die Kakifrüchte mit Pinienkernen spicken. Die Früchte mindestens 5-6 Stunden in der Flüssigkeit einweichen lassen und anschließend kühl stellen. Jeweils 1 Kakifrucht in ein Glasschälchen geben, mit dem Punsch auffüllen, mit Pinienkernen und einem Hauch von Zimtpulver bestreuen und servieren.
Tip: Nach Belieben mit Rum aromatisieren.

Für 6-8 Personen
Zubereitungszeit: 35 Minuten
Einweichzeit: 5-6 Stunden

Melonenpunsch

Zutaten

1 Melone
1 Flasche Apfelwein (Cidre)
100 ml Brandy
5 Eßl. Zucker (oder Honig)
2 Eßl. Pinienkerne

Zubereitung

Die Haube der Melone abschneiden und den Rand großzackig ausschneiden. Mit einem Teelöffel oder Kugelausstecher ca. 15 kleine Melonenbällchen aus dem Fruchtfleisch stechen. Die Melone mit einem Eßlöffel grob aushöhlen, das Melonenfleisch in ein Leinentuch wickeln und die Flüssigkeit über einer Schüssel ausdrücken. Den Zucker in 200 ml Wasser zu einem Sirup einkochen, abkühlen lassen und die Melonenkugeln darin einlegen. Den Melonensaft mit Apfelwein, Brandy und Pinienkernen verrühren und in die Melonenschale füllen, die süßen Melonenkugeln hineingleiten lassen, das Ganze kühlstellen und mit Eiswürfeln servieren.

Für 4-6 Personen
Zubereitungszeit: 15 Minuten

(siehe Foto gegenüber S. 16)

Fruchtpunsch
Hwachae

Zutaten
200 g Erdbeeren (oder Himbeeren)
1 Birne
1 unbehandelte Orange
3 Eßl. Honig
2 Eßl. Pinienkerne
Zucker
Zimtpulver

Zubereitung
Birne und Orange dünn schälen. Das Kerngehäuse der Birne entfernen und die Frucht in Stücke zerteilen. Die Orangenschale in feine Streifen schneiden, das Fruchtfleisch filetieren, die Erdbeeren waschen und vierteln. Das Obst in einer Schale mit mehreren Eßl. Zucker süßen, 30 Minuten ziehen lassen. 1 l Wasser erhitzen, 150 g Zucker darin auflösen, 5 Minuten köcheln und abkühlen lassen. Diese Flüssigkeit über die Früchte gießen, mit Pinienkernen und Zimtpulver bestreuen und kaltstellen.
Tip: Der Punsch kann mit Rum aromatisiert werden.

Für 4 Personen
Zubereitungszeit: 45 Minuten

Spezialgerichte für Genießer

Acht himmlische Gemüse
Kujolpan

Kujolpan ist ein in der Zubereitung etwas zeitaufwendiges Gericht und wird daher nur zu hohen festlichen Anlässen zubereitet. Serviert wird es in einem achteckigen, mit Perlmutteinlagen verzierten Lackkasten, der sich aus 9 eckigen Schälchen zusammensetzt. Zu beachten ist vor allem die farbliche Gestaltung der Zutaten.

Zutaten
200 g zartes Rindfleisch
2 Zwiebeln
1 Schlangengurke
1 Zucchini
6-8 Shiitake-Pilze (getrocknet)
2 Möhren
150 g Shrimps (oder Krabben)
3 Eier
1 Dose Bambuswurzel
7 Eßl. Mehl
1 Eßl. Kartoffelstärke (Mondamin)
Soyasauce
Sesamöl
Essig
Knoblauchzehen
Sesamkörner
Pinienkerne
Senf
Pfeffer, Salz

Zubereitung
Die Pilze in warmem Wasser etwa 30 Minuten lang einweichen. Zwischenzeitlich die Schlangengurke schälen, in Scheiben und diese in

Streifen schneiden, salzen und 10 Minuten ziehen lassen. Mit der Zucchini in gleicher Weise verfahren. Das Gemüse separat in einer Pfanne mit 1 Eßl. Sesamöl und 1 Teel. zerstoßenen Pinienkernen dünsten. Das Rindfleisch in feine Streifen zerteilen und in einer Beize aus 2 Eßl. Soyasauce, 1 Eßl. Sesamöl, 1 Teel. Zucker, 1 Teel. Sesamkörnern, 2 gepreßten Knoblauchzehen und 1 Eßl. gehackter Zwiebel 10 Minuten marinieren lassen. Anschließend ca. 5 Minuten anbraten.
Die Möhren schaben, stifteln und mit 2 Eßl. Soyasauce, 1 Eßl. Sesamöl, 1 Teel. Sesamkörnern und 2 Teel. gehackten Zwiebeln in einer Pfanne leicht anbraten, dann abkühlen lassen. Die Shrimps (oder Krabben) kurz in heißem Wasser kochen, abtropfen lassen und mit einer Prise Salz, 1 Eßl. Essig und 1 Teel. Zucker würzen. Die Stiele der Pilze entfernen und die Hüte in Streifen schneiden. Mit 1 Eßl. Soyasauce und 1 Teel. gehackter Zwiebel andünsten, abkühlen lassen und mit 1 Eßl. Sesamöl zusammen mit 1 Teel. Sesamkörnern, 1/2 Teel. zerkleinerten Pinienkernen und schwarzem Pfeffer würzen. Die Eier schaumig schlagen, zu einem Pfannkuchen ausbacken und diesen in dünne Streifen schneiden. Die Bambuswurzel in Längsspalten aufteilen, in 1 Eßl. Sesamöl, 1 Teel. Sesamkörnern und einer Prise Salz braten und auskühlen lassen.
Das Mehl mit Kartoffelstärke (Mondamin), 1 Eßl. Zucker und 1 Ei zu einem Teig verrühren und daraus hauchdünne runde, helle Crêpe (Pfannkuchen) backen. Diese werden in die in der Mitte befindliche Schale gelegt. Die Gemüse- und Fleischzutaten werden nun im Kreis darum herum gruppiert, so daß sich jeweils gleiche Farben (z.B. Zucchini, Schlangengurke; Fleisch, Pilze) gegenüberliegen. 2 Eßl. Wasser mit 2 Eßl. Senf, 1 Teel. Essig, 1 Teel. Zucker und eine Prise Salz zu einer Sauce anrühren. Vor dem Verzehr eine Crêpe in die Handfläche legen, mit den 8 Zutaten füllen, aufrollen, in den Dip eintauchen und mit den Stäbchen zum Mund führen.

Für 4 Personen (als Vorspeise)
Zubereitungszeit: 70-80 Minuten (einschl. Quellzeit der Pilze)

Ginseng Salat
Misammuchim

Ginseng ist aufgrund seiner anerkannten Heilkraft eine geradezu mythische Pflanze. Man erzählt sich, daß ein Mensch nur durch göttliche Vorsehung den Platz des wildwachsenden Ginsengs entdecken kann. Die Sammler wilden Ginsengs erfanden sogar in alten Zeiten eine Art Geheimsprache, damit der „Gott der Berge", welcher über den Ginseng wacht, ihre Absicht nicht entdeckte.

Zutaten
250 g kleine Ginsengwurzeln (Wurzelspitzen)
1 Bund Schnittlauch
1 Zwiebel
4 Knoblauchzehen
3 Eßl. Soyasauce
1 Eßl. Sesamöl
1 Teel. Sesamkörner
1 Teel. Zucker
Pfeffer, Salz

Zubereitung
Den Ginseng unter kaltem Wasser abbürsten. Die Wurzeln in den Siebeinsatz eines Schnellkochtopfes legen und etwa 15 Minuten dämpfen. Zwischenzeitlich die Knoblauchzehen, die Zwiebel und den Schnittlauch hacken und mit den restlichen Zutaten verrühren. Die Wurzelspitzen in einem tiefen Teller mit der Sauce vermengen und servieren.

Für 2 Personen
Zubereitungszeit: 20 Minuten

Register

(Rezepte fett gedruck)